Jutta Kürtz

Weihnachten in Norddeutschland

Geschichten und Rezepte zur Winter- und Adventszeit

Ellert & Richter Verlag

Inhalt

Einleitung

Alle Jahre wieder packt uns der Weihnachtszauber – wir basteln, backen, singen und kramen die alten Gedichte und Spiele der Kindertage hervor, die Krippen, den Weihnachtsschmuck, die vertrauten Geschichten. Und wir erinnern uns: Weißt du noch?
Manchmal stellen wir uns Fragen: Warum binden wir eigentlich einen Adventskranz und falten Sterne, woher kommt der Brauch, ein Lebkuchenhaus zu backen? Gibt es einen Weihnachtsmann? Warum haben wir Weihnachtsbäume? Was soll die Böllerei an Silvester und wieso essen wir dann Berliner?
Dieses Buch ist ein Wegbegleiter durch die Advents- und Weihnachtswochen. Hier gibt es Antworten auf die Fragen. Hier gibt es auch Anregungen zum Basteln, Backen und Schenken. Es riecht geradezu nach Punsch, Bratäpfeln und braunen Kuchen, und über allem klingen Weihnachtsweisen.
Es ist ein Buch über Weihnachten in Norddeutschland – wie es immer schon war, wie es ist, was seine Besonderheiten ausmacht. Das Buch berichtet von den Schleswig-Holsteinern und ihren Bräuchen, von Barbarazweigen und Rummelpottkindern, von Förtchen, Julfesten und der Lichtbringerin Lucia. Von den Friesen im Norden ist zu lesen und von den Ostfriesen, von den Julbögen, dem Kinjeestüüg und der Tuunscheer. Aus Hamburg kommt die Tradition, einen Adventskranz zu binden und auf den „Dom“ zu gehen, die Niedersachsen essen am Vullbuuksabend Speckendicken und den Sniertjebraa,

Was für ein Wunder! Im Stall bei Ochs und Esel liegt ein Neugeborenes. Maria kniet staunend davor, und auch der alte Josef beugt anbetend die Knie. Hans Multscher malte so 1437 „Die Geburt Christi“ als Altarbild. Er rückte auch das herbeigeeilte Volk, die Hirten auf dem Feld und ein paar jubelnde Engel ins Bild.

in Mecklenburg freut man sich auf den Julklapp, in Pommern auf die Wilde Jagd und die Pannkokenkapellen. Einzigartiger Inselbrauch: Auf Rügen und Hiddensee stellt man zur Weihnachtszeit die schmucken Bügelbäume auf.
Der ganze Norden feiert auf seine Weise. Den Ursprung wollen wir dabei nicht vergessen – denn traditionell feiern wir die Christgeburt in diesen Tagen, das Kind in der Krippe in der Weihnachtsnacht, Maria und Josef im Stall von Bethlehem, die Schafe, die Hirten und die Heiligen Drei Könige auf ihrem Weg zur Krippe. Wir feiern das in einer Zeit der winterlichen Sonnenwende und im festgeschriebenen Rhythmus des Kirchenjahres.
Alles, was uns heute in den Winter- und Weihnachtswochen Freude macht, hat eine lange, lange Geschichte. Es sind Traditionen aus sehr alten Zeiten, die immer noch in allem stecken, was wir tun. Auch davon handelt dieses Buch. Alte Berichte, alte Erzählungen sind gute Zeugnisse für das, was war und was wir immer noch in der Weihnachtszeit feiern.
Eines ändert sich wohl nie: die Sehnsucht nach Heimeligkeit, nach Gemütlichkeit – eben nach dem Weihnachtszauber.
Machen wir uns also ans Werk, schaffen wir uns Fröhliche Weihnachten!

Ihre Jutta Kürtz

Aus dem 11. Jahrhundert stammt diese bildlich gerahmte Buchmalerei „Geburt Christi und Verkündigung der Hirten". Alles schaut und weist auf das Kind in der Krippe, nur Josef scheint unbeteiligt und hockt nachdenklich daneben. Aber die Heiligenscheine strahlen gewaltig!

Kleine Geschichte des Weihnachtsfestes

Alle Jahre wieder von Martini bis Lichtmess erleben wir den alten, überlieferten weihnachtlichen Festzyklus. Zwischen dem 11.11. und dem 2.2. – also zwischen dem Martinstag und dem Fest Mariä Lichtmess – bestimmen Advents-, Weihnachts- und Silvesterbräuche unsere Tage und Wochen. So wird das Weihnachtsfest zum wichtigsten Fest im Jahreslauf – auch, wenn das christlich bedeutendste Kirchenfest natürlich Ostern bleibt.

Der weihnachtliche Festzyklus hat seine Wurzeln in ganz verschiedenen Religionsformen und Weltanschauungen, die sich eng verwoben, ergänzt, überlagert haben und über Jahrhunderte mit jeder neuen Zeit regional und national angepasst wurden – bis zum heutigen Tag. Im Altertum haben sich aus ägyptischen, persischen, syrischen, jüdischen, römischen, frühchristlichen, auch aus germanischen und slawischen Quellen Glaubensrituale und viel magischer Zauber miteinander vermengt.

Die mittwinterliche Zeit ist eine Wendezeit. In allen Zeiten und Kulturen schrieb man dem Wandel der Natur und dem zuwachsenden Licht große Kräfte zu. Der Sonnenkult, die Feiern für einen Sonnengott gehörten noch Jahrhunderte nach Christi Geburt zum Brauchtum der Menschen des Mittelmeerraums. Immer glaubten die Menschen an Wunder jedweder Art und versuchten, am eigenen Schicksal mitzuwirken und Zukunftssicherung zu betreiben. So feierte man also Dank- und Freudenfeste und beschwor die

Der altgriechische Sonnengott Helios mit der Strahlenkrone, Vorbild für den altrömischen Sonnengott Sol, lenkt den vierspännigen Sonnenwagen über den Himmel – vorchristlicher Glaube an die Kraft des Lichtes zeigt sich in dieser griechischen Vasenmalerei aus dem 3. Jahrhundert vor Christi Geburt.

guten Geister der Zukunft. Dabei kamen als Symbole immer schon das Licht, das Feuer, immergrüne Zweige, viel Lärm und reichliches, gutes Speisen vor. Im Norden feierte man in der Zeit der Wintersonnenwende um den 21. Dezember herum Mittwinter- und Julfeste, die auch viel mit dem Glauben an Geister und Gottheiten zu tun hatten.
Alle diese uralten Lichterfeste in der winterdunklen, kalten Zeit sind die Ursprünge für unser heutiges Weihnachtsbrauchtum. In dem 80-tägigen Winter- und Weihnachtsfestkreis finden wir das wieder, was für unsere fernen Ahnen sinnhafte Bedeutung hatte. Als die Christgeburt das Leben veränderte, als Jahrhunderte später die Kalendermacher die Kirchenfeste einrichteten und damit einen geordneten Rahmen schufen – den wir ja noch heute haben –, da bekam auch das vor- und nichtchristliche Brauchtum der Völker einen neuen, nachhaltigen Sinn, der sie von ihren Göttern löste und auf den einen Glauben ausrichtete. Das Licht kam in die Welt.

Der Blick durchs Schlüsselloch am „Tag vor Weihnachten" – der Schwede Carl Larsson malte 1892 seine vor Neugier zappelnden Kinder Lisbeth, Pontus, Suzanne und Ulf vor dem verschlossenen Weihnachtszimmer.

Auch dies erklärt vieles, was wir heute tun: Man schmückte mit grünen Zweigen, also mit dem, was trotz Winter und Kälte noch nach Leben und Überleben aussah. Die immergrünen Zweige versprachen, dass die Natur wieder lebendig wird und viele Früchte und gute Ernten bringt. Auch was gekocht und gebacken wurde, hatte einen Sinn: Man aß bei den Festen ganz viel, vor allem fette Speisen und Körnerreiches. Besonders, wenn man vorher aus religiösen Gründen gefastet hatte. So wollte man die Fülle herbeizaubern. Dazu machte man viel Lärm, zeigte laute Freude und vergnügte sich beim Tanz – damit wurden, so glaubte man, die bösen Geister vertrieben. Den Heiligen, deren Namenstage man kannte, ordnete man Aufgaben zu. Heilige waren durchs Jahr und durchs Leben starke Hoffnungsträger.

Aus diesen Grundelementen entwickelten Glauben und Aberglauben, Spiel- und Dekorationsfreude, Gemeinschaftslust und mitmenschliches Tun ein vielfaches Treiben und Brauchtum rund um das Weihnachtsfest. Es war nicht schwer, einem jeden Ding seinen Wert und Sinn zu geben und jede Handlung mit Inhalt zu füllen. Selbst die regionalen Speisen und Gebäcke können so Geschichten aus der Geschichte erzählen.

Eine verzwickte Entwicklung nahm es mit dem Weihnachtsdatum – warum sprechen wir beispielsweise immer noch von der Zeit „zwischen den Jahren"? Erst einmal brauchte es lange Zeit, bis das Christgeburtsfest sein festes Datum erhielt. Papst Hippolyt hatte ganz früh (217 n. Chr.) die Idee, einen

Ein kleines schlichtes Bäumchen, eine große Familie und viel Kinderglück – Ferdinand Georg Waldmüller malte 1834 den „Christmorgen“, die Bescherung in einer Bauernstube. Der bedeutende österreichische Maler zeigte in seinen Genrebildern das Alltagsleben, wie es wirklich war.

„Geburtstag“ zu bestimmen. Aber erst Mitte des 4. Jahrhunderts setzte sich ein einheitliches kirchliches Feiertagsdatum durch. Der 25. Dezember galt damals als der dunkelste Tag im Jahr. Die Geburt des römischen „Sol Invictus“, des unbesiegbaren Sonnengottes, feierten dessen Anhänger an diesem Tag, also die Wiederkehr des Lichtes. Das passte zur christlichen Lehre. Gerne übernahm das Christentum die Symbolik, Jesus selbst war ja das „Licht der Welt“. So wurde das Hochfest zur Geburt Jesu auf diesen Tag beziehungsweise in die Nacht gelegt – ab Mitternacht vom 24. zum 25. Dezember wird also die Geburt Christi gefeiert, da kommt das Licht. Allerdings machte in Mitteleuropa erst

Sie beraten und entscheiden, was heute noch gilt: Papst Gregor XIII. (amtierend 1572–1585) leitet auf diesem Gemälde die „Kommission für die Reform des julianischen Kalenders". 1582 wurde der gregorianische Kalender durch eine päpstliche Bulle angeordnet und nach und nach weltweit eingeführt – gültig bis heute.

Karl der Große um 800 das Weihnachtsfest zum Kirchenfest, Ludwig der Fromme regelte den Weihnachtstermin 831 ganz offiziell. Noch viel länger dauerte es, bis wir erstmals das Wort Weihnacht lesen. Der Dichter Spervogel schrieb um 1190, „er ist gewaltic unde starc, der ze wihen naht geborn wart", also in der „geweihten Nacht".

In einigen westlichen Ländern hat man sich angewöhnt, am „Heiligen Abend" am 24. Dezember schon die Bescherung zu feiern, das familiäre Weihnachtsfest. In manchen Ländern ist der Vormittag des 25. Dezember der Tag der Bescherung und des Feierns. Den 26. Dezember, bekannt als „Stephanstag", der Tag des heiligen Stephan, gibt es gewissermaßen – samt Brauchtum – dazu. Ursprünglich beging man auch noch am 27. Dezember den dritten Feiertag. Seit etwa 400 n. Chr. hatte die damalige christliche Staatskirche bei allen drei großen Kirchenfesten für die Gläubigen drei Feiertage festgesetzt. Ostern, Pfingsten, Weihnachten. Als dann einige Landesfürsten im 18. Jahrhundert die Trennung von Staat und Kirche betrieben und von ihren Untertanen mehr Leistung forderten, wurde nach und nach der dritte Feiertag abgeschafft, in Preußen durch Friedrich den Großen bereits 1754. Bis 1800 war das Ziel weitgehend erreicht. Es gibt seither nur noch zwei Oster-, Pfingst- und Weihnachtsfeiertage.

Nun muss man auch wissen, dass es in den frühen Jahrhunderten und in alten Kulturen ganz unterschiedliche Zeitpunkte gab, an denen das neue Jahr anfing. Wir sehen es ja den Namen unserer Monate an. September, der siebente, Oktober, der achte, November der neunte, Dezember, der zehnte Monat. Da begann das Jahr also vor langer, langer Zeit mit dem März. Erst 1582 wurde der noch heute gültige gregorianische Kalender eingeführt, der auch für die Wintertage den festen Rahmen setzte, zum Beispiel den 1. Januar als Neujahrstag. Aber viele Christen feierten weiterhin die Christgeburt (25. Dezember) oder Epiphanias (6. Januar) als Jahresbeginn. Erst 1691 wurde der 1. Januar von Papst Innozenz XII. endgültig zum Neujahrstag erklärt. Noch spannender: Die Fürstbistümer in Deutschland legten die Termine selber fest. So geriet man sehr lange sehr

Während der Raunächte, also jenen dunklen, toten Tagen zwischen Thomastag und Neujahr oder – in anderen Regionen – zwischen dem 25. Dezember und dem 6. Januar, sollen die Kräfte der Natur außer Kraft gesetzt werden und die Grenzen zwischen den Welten fallen. Dann regieren die Geister und Wotan mit seinem Gefolge tobt durch die Lüfte und verbreitet Furcht und Schrecken. Holzstich von August Müller (1836–1885).

Grimmig schaut er aus, wie alle seine Artgenossen: Nussknacker wurden seit Mitte des 18. Jahrhunderts im Erzgebirge als Gendarmen, Husaren oder Könige dargestellt und deutschland- und weltweit exportiert – natürlich auch nach Norddeutschland. Sie sind nützlich zum Nüsseknacken, eine Freude aber auch als Dekoration und Sammelobjekt. Der größte der Welt ist sogar gut zehn Meter hoch.

Auf den Inseln, wo man lange keine Weihnachtsbäume abholzte oder herbeischiffte, entwickelten die Einwohner Bogen-Gestelle. Auf der Nordseeinsel Föhr wird auch heute noch der Friesenbogen, auch Julbogen oder Friesenbaum genannt, aufgestellt (oben rechts).

schnell „zwischen die Jahre", wenn man Ende Dezember und Anfang Januar von Ort zu Ort zog. Und da der Aberglauben sehr weit verbreitet war, ordnete man diese Tage ein als „Raunächte", also als Tage, in denen die Geister los waren. In denen – nach altgermanischem Brauch – Wotan mit seinem Gefolge durch die Welt tobt und Furcht verbreitet. Viel Aberglauben herrscht da, in den „Zwölften", „zwischen den Jahren". Das hat sich seltsamerweise in allen norddeutschen Regionen bis heute erhalten.
Die Zeit der gregorianischen Kalenderreform war so etwa die Zeit, in der wir auch zum ersten Mal von Weihnachtsbäumen lesen. Da tauchten die ersten Bescher-Bäume,

also Geschenke-Bäume für Kinder auf, das waren aufgestellte Zweige mit Zuckerstücken und Nüssen und allerlei Gebäck und Obst, was die Kinder dann als Bescherung abpflücken durften. Wir müssen ja daran denken, dass in früheren Zeiten nicht so viel Wohlstand bei den Menschen war und dass es vieles nicht gab, was wir heute normal finden. Keine Schokolade, keine Bonbons, kein fertig gekauftes Gebäck. Mit dem Schenken war es ja auch ganz anders als heute. Und natürlich gab es gar keine Dekoration, gar keinen Weihnachtsschmuck, den man kaufen konnte. Auch keine Bäume, die in Baumschulen extra für Weihnachten heranwuchsen. Von den sogenannten Bügelbäumen der Menschen auf Hiddensee und Rügen hören wir erst ab etwa 1560. Im 17./18. Jahrhundert schließlich lesen wir hier und da von Lichterbäumen an den europäischen Fürstenhöfen. Erst ab etwa 1800 wurde der erste Christbaumschmuck professionell produziert, auch die ersten Pyramiden aus dem Erzgebirge entstanden, und endlich gab es Stearin und damit die ersten richtigen Weihnachtskerzen (um 1820). Alles andere musste auch erst erfunden werden, jede Kugel, jeder Schmuck! Und „man" musste es sich ja auch leisten können! Bis zu den 1950er-Jahren war es völlig normal, dass man die Zweige nur mit selbst gemachtem Schmuck verzierte.

Überhaupt stammt ja vieles, was wir wie „immer schon" betrachten und als Tradition verstehen, erst aus dem 19. Jahrhundert. Den Adventskranz beispielsweise verdanken wir Johann Hinrich Wichern (nach 1850), die

Oblaten (Lackbilder) waren eine Seligkeit für alle Gelegenheiten. Die glänzenden geprägten Bilder wurden gesammelt und getauscht, in Briefe und Poesiealben geklebt und verschenkt. So auch der knallbunte Weihnachtsmann mit Sack und Geschenken und einem kleinen Bäumchen auf der Schulter.

Draußen vor der Tür darf der leuchtende Weihnachtsbaum größer sein. Vor dem behaglichen, mit Reet gedeckten Friesenhaus ist er ein prächtiger Anblick!

Lebkuchenhäuser der Hänsel-und-Gretel-Oper von Engelbert Humperdinck (1893 uraufgeführt). Älter ist die Geschichte vom Weihnachtsmann. Denn in vielen Ländern bescherten und straften schon jahrhundertelang irgendwelche Nikoläuse und Ruprechte und Santas die Kinder. Mit der Rute oder mit kleinen Gaben. Aber der Weihnachtsmann bekam erst im ausgehenden 19. Jahrhundert sein heutiges Bild. Da entstand aus allen Vorgängern und viel Einfallsreichtum schließlich der langbärtige Santa Claus, der Weihnachtsmann, der seitdem im langen roten Kapuzenmantel samt Rentier durch die Lüfte und durch die Welt jagt.
Es dauerte auch, bis schließlich die im Haus geschmückten Nadelbäume zum deutschen Weihnachtssymbol wurden (1870/71). Die Amerikaner sorgten dafür, dass sie – prächtig leuchtend (das musste ja auch erst tech-

Lichterglanz spiegelt sich auf der Hamburger Binnenalster: Der riesige geschmückte Baum auf dem Wasser, die Lichterbögen vom Jungfernstieg und dem Rathausmarkt – alles das schafft eine traumhafte, weihnachtliche Festatmosphäre.

nisch möglich sein durch Glühbirnen!) – aus der Stube herauswanderten und ab Ende des 19. Jahrhunderts im Freien das Lichterfest verkündeten. Viel Beiwerk entstand mit den sich ändernden Zeiten. Man baute immer neue Weihnachtsgestelle, die Adventskalender wurden erdacht, Lackbilder und Postkarten und herrlichste Druckwerke erfreuten Jung und Alt. Die Weihnachtsschmuckindustrie entwickelte sich. Dichter und Komponisten beglückten alle Welt(en) mit weihnachtlichen Werken.

Entscheidend für unser stimmungsvolles Familienfest war das 19. Jahrhundert. Als die Familie in der bürgerlichen Gesellschaft an Wert gewann und das innerhäusliche Glück und Miteinander intensiviert wurde, da entstand auch das idyllische Weihnachtsfest mit allem, was dazugehörte. Man kann es für Norddeutschland bei Dichtern wie Theo-

„Fröhliche Weihnachten" steht auf der Postkarte der vorvorigen Jahrhundertwende. Da stapft er durch den Schnee, der weißbärtige Weihnachtsmann im Pelzmantel, mit allem behangen, was für Kinderträume dazugehörte (oben links). Er ist ja auf seinem Rentierschlitten durchs Weltall gerast (oben rechts) und von Amerika nach Europa zurückgekehrt. Der Santa Claus, der unser Weihnachtsmann wurde.

dor Storm und Thomas Mann nachlesen. Als dann immer mehr Menschen durch Kriege auf Wanderschaft gingen, weil sie neue Heimaten suchten oder brauchten, als immer mehr Zeitungen und Zeitschriften und das Fernsehen über andere Länder und ihre Bräuche berichteten, da veränderte sich alles. Auch Weihnachten.

Es gibt einen Ort im Norden, an dem man all diesen Themen nachgehen kann – das ist das „Weihnachtshaus" in Husum. Dort ist immer Weihnachten. Da glitzern und glänzen herrlich geschmückte Weihnachtsbäume zwölf Monate lang. Da wird alles ausgestellt, was weihnachtsselig macht, Besucher aus aller Welt können das ganze Jahr hindurch das ansehen, was alle Jahre wieder dazugehört. Und auch im Deutschen Weihnachtsmuseum in Rothenburg ob der Tauber ist

Es ist ein wahrer Wunderbaum, den dieses um 1900 geprägte Oblatenbild uns zeigt – was hängt da alles in den großen, ausladenden Zweigen! Puppen und Tiere und Zuckerwerk, glänzende Ketten und strahlende Lichter. Und obenauf thront ein himmlisch schöner Engel.

immer Saison. Das ganze Jahr hindurch kann man ja auch Joulupukki besuchen, den „echten Weihnachtsmann“ im finnischen Rovaniemi am Polarkreis. Und wenn man seine Gefährten sehen will: die Weihnachtsmänner aller Kontinente treffen sich alljährlich zum Weltkongress in Dänemark – im sonnigen Juli. Weihnachten ist also immer – und wir haben alle Zeit der Welt, uns mit Freude darauf vorzubereiten.

Das Julfest

Julfeste und Mittwinterfeste wurden in ganz Nordeuropa in den Wochen rund um die Wintersonnenwende am 21./22. Dezember gefeiert. Schon in vorchristlicher Zeit und ohne feste Daten. Man freute sich einfach, dass die Sonne wieder zu sehen war, und huldigte Sonnengöttern und Geistern. Im Skandinavischen heißt Weihnachten Jul oder Jol, auch Joulu, je nach Landessprache. Im Friesischen Jül oder Jööl und ähnlich, je nach Dialekt. Daher werden in Sagen und Erzählungen und im Volksmund diese mittwinterlichen Feste häufig Julfeste genannt. Auch weiterhin nach Einführung des christlichen Weihnachtsfestes. Der Julbock und der Julklapp, das Jultrinken und das Julbier, die Julespiele und auch die weihnachtlichen Hausgeister, die Julenissen, tragen mit ihren Namen die alten Ursprünge fort.

Ein Heiliger schenkt den Martinstag (11.11.)

Sankt-Martins-Lied

Sankt Martin, Sankt Martin,
Sankt Martin ritt durch Schnee und Wind,
sein Ross, das trug ihn fort geschwind.
Sankt Martin ritt mit leichtem Mut,
sein Mantel deckt ihn warm und gut.

Im Schnee saß, im Schnee saß,
im Schnee, da saß ein armer Mann,
hatt' Kleider nicht, hatt' Lumpen an.
„O helft mir doch in meiner Not,
sonst ist der bitt're Frost mein Tod!"

Sankt Martin, Sankt Martin,
Sankt Martin zieht die Zügel an,
sein Ross steht still beim armen Mann.
Sankt Martin mit dem Schwerte teilt
den warmen Mantel unverweilt.

Sankt Martin, Sankt Martin,
Sankt Martin gibt den Halben still,
der Bettler rasch ihm danken will.
Sankt Martin aber ritt in Eil'
hinweg mit seinem Mantelteil.

Sankt Martin, Sankt Martin,
Sankt Martin legt sich still zur Ruh'.
da tritt im Traum der Herr hinzu.
Der spricht: „Hab Dank, du Reitersmann,
für das, was du an mir getan."

(volkstümlich)

Alaaf und Helau hören wir an diesem Tag – der Karneval beginnt. Auch im Norden. Die Jecken sind da. Aber für viele hat der 11.11. noch eine ganz andere Bedeutung. Es ist nämlich der Martinstag. Da freuen sich viele Kinder auf Laternenumzüge und Lieder und die ersten leckeren Gaben. Backen wir doch mal ein Martinshorn und basteln Laternen für die Jüngsten!

Das ist St. Martin: Hoch auf dem Schimmel sitzt er, mit Schwert und wehendem Umhang, ein frierender Bettler ihm zu Füßen. Wir wissen: Gleich wird der Reiter seinen Umhang teilen und den Erfrierenden retten. So zeigen es die Bilder, so ist es spielerischer Brauch der Martinsumzüge.

Am 11.11. um 11 Uhr 11 beginnt der Karneval, der Martinstag ist aber auch der Beginn der Winter- und Weihnachtszeit. Umzüge und Laternelaufen gehören dazu, das Martinsgansessen und leuchtende Feuer. Fröhlich ziehen die Kinder mit ihren bunten Laternen durch den dunklen Abend – in Ostfriesland auch schon zum Martini-Singen am Abend zuvor, dem Geburtstag Martin Luthers. Sie singen ihre Lieder und heischen, erbetteln also kleine Gaben. Sie singen auch vom heiligen Martin, der ein frommer Mann war. Viele Legenden ranken sich um ihn – wie er vom römischen Söldner zum Christen wurde, lange und schmerzvolle Zeiten erlebte, wie die Gänse ihn durch ihr Geschnatter verrieten, als er sich in ihrem Stall versteckte, weil er vor lauter Bescheidenheit gar

nicht Bischof werden wollte. Er wurde dann doch Bischof von Tours, missionierte mit Erfolg und vollbrachte große Wunder. Für die Kirche und die Kinder wurde er nach seinem Tod ein Heiliger und ein Schutzpatron. In der katholischen Kirche ist der 11.11. (St. Martin) Teil der Lichtsymbolik, die am 2.11. (Allerseelen) beginnt und am 2.2. (Mariä Lichtmess) endet.

Vieles ist daraus entstanden – die Laternenumzüge der Kinder, im Süden Deutschlands die Martinsumzüge samt Ross und Reiter, Feuerfeste und überall das große Gänse-Essen (Rezepte siehe Seite 114) mit festlichen Feiern. Schließlich ist der November der Schlacht- und Gänse-Monat. Da wurde auf dem Lande einst Zins und Pacht und Lohn auch mit Naturalien wie dem leckeren Federvieh bezahlt. Am Martinstag wechselte das bäuerliche Wirtschaftsjahr. Reichlich „Martinsbier“ gab es im Norden, im Süden den „Märteswein“ und überall eine fröhliche

Martin von Tours, der Bischof und Heilige, auf einem Tafelbild aus Ungarn (um 1490). Hoch auf dem Schimmel sitzt er mit Schwert und wehendem Umhang, ein frierender Bettler zu seinen Füßen.

Mit Lichtern und Laternen und fröhlichen Liedern ziehen die Kinder beim Sankt-Martins-Umzug durch Stadt und Land (links).

Die Martinsgans, die Weihnachtsgans – eine Köstlichkeit bei winterlichen Festlichkeiten (Rezepte Seite 114).

Feierei. Martinshörner und -brezeln wurden gebacken und Weckmänner in Hufeisenform, die Häuser schmückte man mit heilbringenden Martinszweigen aus Wacholder und Birke. Es gab ein letztes großes Festessen, bevor die karge Winterzeit begann – für streng Gläubige dann auch die 40-tägige Winter- und Weihnachtsfastenzeit, die bis ins neue Jahr reichte und nur wenige „Vullbuuksabende" (also Tage und Abende der „vollen Bäuche" mit reich gedeckten Tischen) erlaubte.

Eines war und ist der Martinstag auch: ein Wetter-Orakeltag. Die alten Bauernregeln wissen:

Hat Martini einen weißen Bart,
dann wird der Winter lang und hart.

Rezept Martinshorn

Zubereitung

Quark, Milch, Öl, Zucker, Vanillezucker und Salz gut verrühren. Mehl, Backpulver und Zitronenschale gut vermischen und unterrühren. Zu einem glatten Teig verkneten.
Für ein großes Martinshorn wird der gesamte Teig zu einem dicken, etwa 80 cm langen Strang ausgerollt und zu einem Brezel geformt. Man kann den Teig auch dritteln und als Zopf flechten und dann zum Brezel formen. Für kleinere Martinshörner wird der Teig geviertelt, zu vier 50–60 cm langen Strängen gerollt und jeweils zu Brezeln geformt. Auf ein mit Backtrennpapier ausgelegtes Blech legen und im vorgeheizten Ofen (E-Herd: 200 °C/Umluft 175 °C/Gas: Stufe 3) je nach Größe 15–25 Minuten backen.
Je nach Geschmack den Teig vor dem Backen mit einem mit wenig Milch verrührten Eigelb bestreichen. Das ergibt eine glänzend braune Oberfläche beim Backen. Zusätzlich kann der bestrichene Teig mit Hagelzucker und/oder mit Mandelstiften bestreut werden. Die fertigen Martinshörner können auch nach dem Backen mit Zuckerglasur bestrichen werden.

Zutaten

200 g magerer Quark (unter 10 % Fett)
50 ml Milch (fettarm oder Vollmilch)
50 ml Speiseöl (Raps oder Distel)
60 g Zucker
1 Päckchen Vanillezucker
1 Prise Salz
300 g Weizenmehl
1 Päckchen Backpulver
abgeriebene Schale einer unbehandelten Zitrone

nach Geschmack:
Eigelb und Milch zum Bestreichen
Hagelzucker zum Bestreuen
Mandelstifte zum Bestreuen
Zuckerglasur (aus Eiweiß und Puderzucker, Zitronensaft und Puderzucker oder fertig gekauft)

(ergibt ein großes Horn oder vier kleine in Form von Brezeln)

Material:

- Transparent- oder Pergamentpapier etwa 52 x 25 cm
- Käseschachtel mit Durchmesser 16 cm oder 2 cm breite Kartonstreifen und ein kreisrundes Stück Pappe mit Durchmesser 16 cm
- buntes Transparentpapier, buntes Laub, Gräser
- Schere
- Kleber
- Bunt- und Wachsmalstifte
- Zange
- Draht
- Stopfnadel
- Elektrolaternenstab bzw. Holzstab und Kerzenhalter

Bastelanleitung Laterne

1. Der Boden der Käseschachtel bildet die Grundform der Laterne.

2. Zunächst wird jedoch der Pergamentstreifen, der als Wand dienen soll, gestaltet: Das Pergamentpapier mit Gräsern oder buntem Laub bekleben oder verschiedenfarbige Transparentpapierstücke aufkleben. Nach Belieben kann das Pergamentpapier auch mit Bunt- oder Wachsmalstiften bemalt werden.

3. Nach dem Bemalen oder Bekleben wird nun der Bogen Pergamentpapier innen um den Rand des Bodens der Käseschachtel geklebt.

4. Der obere Ring der Käseschachtel wird als Laternenrand aufgesetzt und angeklebt, die noch offenen Längsseiten des Papierbogens werden miteinander verklebt.

5. Zum Schluss mit der Stopfnadel zwei sich gegenüberliegende Löcher in den oberen Rand stechen, durch diese den Draht führen und an beiden Enden den Draht verzwirbeln.
Stab einhängen und ggf. Kerzenhalter befestigen.

Tipp: Je nach Motiv kann die Käseschachtel farbig oder schwarz gestrichen werden.

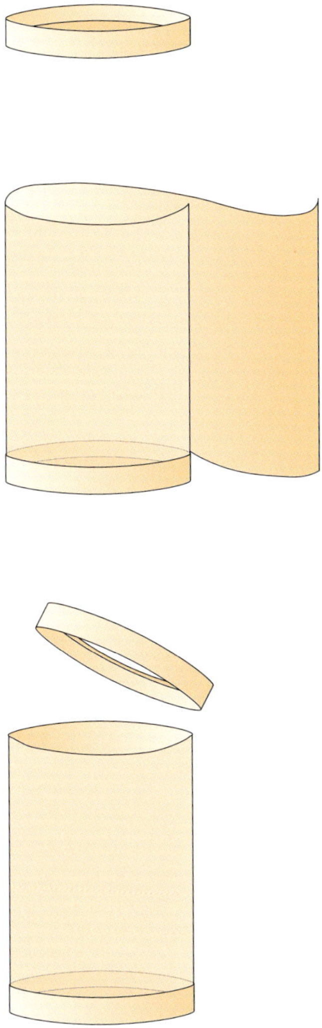

Ich geh mit meiner Laterne
(Strophe jeweils zweimal singen)

Refrain:
Ich geh mit meiner Laterne
und meine Laterne mit mir.
Dort oben leuchten die Sterne,
und unten leuchten wir.

Strophe 1:
Ein Lichtermeer zu Martins Ehr!
Rabimmel, rabammel, rabumm.

Strophe 2:
Der Martinsmann, der zieht voran.
Rabimmel, rabammel, rabumm.

Strophe 3:
Wie schön es klingt, wenn jeder singt.
Rabimmel, rabammel, rabumm.

Strophe 4:
Laternenlicht, verlösch mir nicht!
Rabimmel, rabammel, rabumm.

Strophe 5:
Ein Kuchenduft, liegt in der Luft.
Rabimmel, rabammel, rabumm.

Strophe 6:
Beschenkt uns heut, ihr lieben Leut.
Rabimmel, rabammel, rabumm.

Strophe 7:
Mein Licht ist aus, ich geh nach Haus!
Rabimmel, rabammel, rabumm.

(volkstümlich)

Backen für Groß und Klein

Sünnerklaas

Kiek ins, wat is de Heven (Himmel) so root!
De Engels bööt't (heizen) in, se meent dat goot,
se backt den Wiehnachtsmann sien Stuten
för all de lüttjen Leckersnuten.

Nu gau (schnell) de Töllers ünner't Bett!
Un leggt ju hen un weest recht nett!
De Sünnerklaas steiht vör de Döör,
de Wiehnachtsmann, de schickt em her.

Wat de Engels hebbt backt, dat schüllt ji probeern,
un smeckt dat goot, so höört se dat geern.
Un de Wiehnachtsmann lacht: „Nu backt man mehr!" –
Och, wenn't doch man eerst Wiehnachten weer!

(Johann Beyer)

Wer noch Plattdeutschsprechende in der Familie hat, der kennt das Kindergedicht „Sünnerklaas" (Sankt Nikolaus) von Johann Beyer (1861–1922) über die eifrig backenden Engel. Nun ist November, nun wird es (auch für die Menschen!) Zeit mit dem Backen, wie soll man sonst alle Rezepte schaffen?

Die Bäcker backen zwar auch köstlichste Plätzchen, und auf Weihnachtsmärkten kann man immer Hausgebackenes kaufen. Aber Selber-Backen ist einfach himmlisch! Man braucht ja immer ganz viel zum Verputzen für die gemütlichen Stunden bei Kerzenschein und Kaminfeuer. Plätzchen und Kekse werden auch hübsch verpackt verschenkt, man gibt sie an Basare und verschickt sie sogar an ferne Freunde und Verwandte. Dort kommen sie garantiert zerkrümelt an – aber sie schmecken trotzdem gut, sind sie doch mit dem kleinen Geheimnis gebacken, das schon Mutter oder Großmutter, Patin oder Tante dazugaben. Die kleine Prise Weiß-ich-nicht oder Sag-ich-nicht, die aus einem Jedermann-Rezept das ganz Besondere macht.

Jede Familie hat ihre eigenen Rezepte, es gibt sie tausendfach, jeder kennt welche, handgeschrieben und gedruckt, ganz alte, ganz neue, moderne sind blitzschnell im Internet zu finden. Für eilige Bäcker/innen gibt es sogar fertige Teige, die sich einfach ausrollen und ausstechen lassen.

Die Weihnachtsbäckerei ist etwas für Groß und Klein. Ausstechen können schon die Jüngsten, Kringel und Brezeln drehen auch. Und naschen! Die Großen, die erfahrenen Kuchenbäcker, verarbeiten derweil – wie es im kindlichen „Backe, backe Kuchen“ heißt – „Eier und Salz, Butter und Schmalz, Milch und Mehl“ zu schweren und zu zarten Teigen. Beim Plätzchenbacken ist ein leicht auszurollender und auszustechender Mürbeteig für Kinderhände am besten geeignet.

Backe, backe Kuchen … nichts geht über Selbstgebackenes. Es schmeckt immer wieder unvergleichlich. Was für ein Vergnügen für Jung und Alt, den Teig zu kneten und auszurollen und Sterne und Herzen und allerlei mehr auszustechen!

Kinder-Mürbeplätzchen und anderes Weihnachtsgebäck

Kinder-Mürbeplätzchen

Zutaten
100 g Fett (halb Butter, halb Margarine)
70 g Zucker
1 Päckchen Vanillezucker
1 mittelgroßes Ei
1 TL Zitronensaft
250 g Weizenmehl
50 g Stärkemehl
1 Msp. Backpulver

Zum Bestreichen und Bekleben:
Zuckerguss (auch gefärbt), Zuckerschrift
Zuckerstreusel, Zuckerperlen, Silberperlen
Hagelzucker
Smarties und andere Schoko-Minis
Krokant

(der Teig reicht für 2 Bleche)

Zubereitung
Fett, Zucker und Vanillezucker schaumig rühren, Zitronensaft und Ei dazugeben. Mehl, Stärkemehl und Backpulver mischen. Gut unterkneten. Teig abgedeckt 30 Minuten kühl stellen. Auf Mehl ausrollen (so dünn wie möglich), mit Förmchen Plätzchen ausstechen, auf Backtrennpapier aufs Blech legen.
Im vorgeheizten Ofen (E-Herd: 200 °C/Umluft 175 °C/Gas: Stufe 3) 10–12 Minuten backen (je dünner die Plätzchen sind, desto weniger Zeit brauchen sie). Die Ränder sollen anfangen zu bräunen. Herausheben, auf einem Kuchengitter zugedeckt auskühlen lassen. Kinder mögen die Plätzchen mit den beschriebenen Zutaten nach Herzenslust bemalen und bekleben.

Auf die mit schwer fließendem dunklen Sirup und zuckersüßem Honig gebackenen dicken und dünnen Braunen und die leckeren Leb- und Honigkuchen muss man geduldig warten, denn der Teig muss eine lange Weile ruhen, bevor er unter dem kräftigen Nudelholz flach gerollt, in Form geschnitten und gestochen werden kann. Die vielen zarten weißen Plätzchen, auch die Zucker- und Herrenkringel, die köstlichen Knusperchen, so manche schaumigen Wölkchen und die ganzen Heerscharen von „Weiß mit was“ dagegen sind schnell fertig und auch schnell verputzt.

Dicker Brauner (Sirupkuchen)

Zubereitung

Margarine, Kuchensirup, Zucker, Sahne, Rum und die Eier gut verrühren. Mehl und Gewürz, Mandeln, Nüsse, Sukkade, Orangeat, Sultaninen und Zitronenschale mischen. Hirschhornsalz und Pottasche in wenig Wasser auflösen. Alles zusammengeben und zu einem ziemlich festen Rührteig verarbeiten. Teig sorgfältig auf einem gefetteten oder mit Backtrennpapier ausgelegten Blech ausstreichen. Im vorgeheizten Ofen (E-Herd: 200 °C/Umluft 175 °C/Gas: Stufe 3) 35–40 Minuten backen. Etwas auskühlen lassen. Nach Geschmack mit Guss bestreichen. Der ausgekühlte, in Stücke geschnittene Kuchen lässt sich gut 1–2 Wochen in einer Keksdose aufbewahren.

Zutaten

250 g Margarine
250 g dunkler Kuchensirup
200 g Zucker
200 ccm Sahne
1 EL Rum
4 mittelgroße Eier
750 g Weizenmehl
2 Päckchen Neunergewürz oder Pfefferkuchengewürz
200 g gehackte Mandeln
100 g gemahlene Haselnüsse
100 g Sukkade
100 g Orangeat
200 g Sultaninen
abgeriebene Schale von 1 unbehandelten Zitrone
2 geh. TL Hirschhornsalz
1 geh. TL Pottasche
Guss nach Geschmack (Zuckerguss, Schokoladenguss, Zitronenguss)

(für 1 Blech)

Braune Kuchen

Zubereitung

Butter und Kuchensirup aufkochen, glatt verrühren, auskühlen lassen. Mehl mit Gewürzen und Kandis vermischen. Hirschhornsalz und Pottasche in wenig Wasser auflösen und dazugeben. Die abgekühlte Butter-Sirup-Mischung unterrühren. Sehr gut verkneten. Zu langen Rollen formen – die Dicke der Rollen bestimmt beim Backen die Größe der Braunen Kuchen. Teig über Nacht kühl stellen und ruhen lassen.

Am nächsten Tag von den Rollen dünne Scheiben schneiden und auf das gefettete oder mit Backtrennpapier ausgelegte Blech

Zutaten

200 g Butter
250 g dunkler Kuchensirup
500 g Weizenmehl
1 Päckchen Neunergewürz oder Pfefferkuchengewürz
250 g dunkler Krümel-Kandis (grob gestoßen)
1 geh. TL Hirschhornsalz
1 geh. TL Pottasche

(für 2–3 Bleche)

legen. Im vorgeheizten Ofen (E-Herd: 200 °C/Umluft 175 °C/Gas: Stufe 3) je nach Dicke und Größe 10–15 Minuten backen, bis die Ränder leicht bräunen. Auskühlen lassen und in geschlossenen Keksdosen aufbewahren.

Zuckerkringel

Zutaten
125 g Butter
125 g Margarine
2 mittlere Eigelb
75 g saure Sahne
50 g Zucker
1 Päckchen Vanillezucker
250 g Weizenmehl
50 g Speisestärke
½ Päckchen Backpulver
Eigelb zum Bestreichen
Hagelzucker zum Bestreuen

(2–3 Bleche)

Zubereitung
Fett, Eigelb, saure Sahne und Zucker gut verschlagen. Mehl, Stärke und Backpulver vermischen, unter das Fett-Eier-Gemisch rühren. Den mürben Teig zu einem Kloß formen, in Haushaltsfolie wickeln und eine Stunde kalt stellen. Teig kurz durchkneten, auf wenig Mehl dünn ausrollen. Kringel ausstechen. Mit Eigelb bestreichen, mit Hagelzucker bestreuen. Im vorgeheizten Ofen (E-Herd: 200 °C/Umluft 175 °C/Gas: Stufe 3) 10–12 Minuten backen. Die Kringel dürfen nur an den Rändern wenig bräunen. Auf einem Kuchengitter auskühlen lassen, in einer gut schließenden Blechdose aufbewahren.

Herrenkringel

Zutaten
125 g Weizenmehl
½ Würfel frische Hefe
1 EL Wasser
125 g Butter

Nach Belieben:
Eigelb zum Bestreichen,
Hagelzucker zum Bestreuen

(2–3 Bleche)

Zubereitung
Mehl in eine Schüssel geben. Hefe mit Wasser aufrühren, zusammen mit der Butter unter das Mehl kneten. Teig zu einem Kloß formen, in Haushaltsfolie eine Stunde kühlen. Teig durchkneten, eine Stunde zugedeckt an einem warmen Ort gehen lassen. Teig in kleinen Mengen zu halbfingerdicken Rollen formen und zu Brezeln verschlingen. Nach Be-

lieben mit Eigelb bestreichen und mit Hagelzucker bestreuen. Im vorgeheizten Ofen (E-Herd: 200 °C/Umluft 175 °C/Gas: Stufe 3) 10–12 Minuten backen. Auf einem Kuchengitter auskühlen lassen, in einer gut schließenden Blechdose aufbewahren.

Knusperchen

Zutaten
90 g Butter
70 g Puderzucker
50 g Weizenmehl
2 EL Schlagsahne
150 g gehobelte Mandeln

(2 Bleche)

Zubereitung
Butter mit Puderzucker gut verschlagen, Mehl und Sahne dazugeben, weiterschlagen, bis eine cremige Masse entsteht. Mandeln vorsichtig unterheben. Backblech mit Backtrennpapier auslegen. Teig mit kleinen Teelöffeln häufchenweise auf das Blech geben – mit gutem Abstand, weil der Teig sehr ausläuft. Im vorgeheizten Ofen (E-Herd: 200 °C/Umluft 175 °C/Gas: Stufe 3) 10–15 Minuten backen – der Rand sollte karamellbraun sein, die Mitte hell. Sofort vom Blech lösen und auf einem Kuchengitter unter einem Tuch auskühlen lassen. Die sehr mürben Knusperchen können zwischen Pergamentpapier gut in Keksdosen aufbewahrt werden. Sie schmecken einfach so, eignen sich aber auch gut zu Eis oder eingezuckerten Früchten.

Norddeutsche Keksspezialitäten

Jede Region hat ihre Spezialitäten. Die dünnen Plätten müssen es im Norden sein, dunkel oder hell, auf den Blechen in Stücke geradelt oder kunstvoll ausgestochen, einst zum Bäcker getragen, dort abgebacken und dann in Milchkannen und Waschkörben nach Hause geholt.
Auch die vielen Arten der Pfeffernüsse gehörten dazu, um die dann gespielt wurde. Kugelige „Nüsse" mit dem guten Pfefferkuchengewürz, hart genug, allerlei Roll- und Drehspiele auszuhalten und auch die schwitzenden warmen Kinderhände, wenn die kleinen Braunen spielerisch von Hand zu Hand gingen, bevor sie in den Mund gestopft wurden. Sie wurden auch Kliekläffers genannt, weil sie so schön in der Dose klapperten. Man spielte um Julfladen und Julkuchen – heißeweckenähnliche Fladen aus Mehl, Milch, Butter, Korinthen und allerlei Gewürzen, die man heute am besten beim Bäcker kauft. Zum Spielen und zur längeren Bevorratung eigneten sich auch alle harten Hallig- und Inselgebäcke, die Knerken und die Kneepkuchen und andere. Nur wenige Bäcker und Familien backen heute noch diese alten Spezialitäten. Weitere regionale Spezialitäten sind die Friesenkekse und das Bremer Brot.

Pfeffernüsse gehören zu Weihnachten – zahlreiche ganz verschiedene Rezepte gibt es dafür. Immer aber müssen viele Gewürze drin sein – „Pfeffer", wie man einst alles das nannte, was aus weiter Ferne kam und fremd war.

Weiße Plätten (im Norden heißen Plätzchen von alters her Plätten)

Zutaten
50 g Schmalz
100 g Butter
100 g Zucker
1 Päckchen Vanillezucker
1 EL Rosenwasser
100 ccm Sahne
1 mittelgroßes Ei
1 mittelgroßes Eigelb
500 g Weizenmehl
1 geh. TL Hirschhornsalz
1 geh. TL Pottasche

(für 2–3 Bleche)

Zubereitung
Sämtliche Zutaten nach und nach gut miteinander verrühren. Hirschhornsalz und Pottasche werden in wenig Wasser gelöst, bevor sie dazugegeben werden. Alles zu einem geschmeidigen Teig kneten. Über Nacht kühl stellen und ruhen lassen.
Am nächsten Tag erneut durchkneten. Auf wenig Mehl dünn ausrollen. Mit einem Teigrad Rechtecke ausradeln und auf ein gefettetes oder mit Backtrennpapier ausgelegtes Blech legen. Im vorgeheizten Ofen (E-Herd: 200 °C/Umluft 175 °C/Gas: Stufe 3) je nach Dicke 12–15 Minuten backen. Die Plätten müssen weiß bleiben, nur die Ränder dürfen ganz leicht bräunen.

Helle Pfeffernüsse

Zutaten
100 ccm Sahne
150 g Zucker
2 mittelgroße Eier
1 EL Rosenwasser
450 g Weizenmehl
abgeriebene Schale von 1 unbehandelten Zitrone
1 Msp. gemahlenen Anis
1 Msp. Kardamom
1 geh. TL Hirschhornsalz
1 geh. TL Pottasche

(für 2–3 Bleche)

Zubereitung
Sahne erhitzen, Zucker einrühren und auflösen. Abkühlen lassen. Eier mit Rosenwasser gut verrühren. Mehl mit den Gewürzen vermischen, Hirschhornsalz und Pottasche in wenig Wasser lösen und unter das Mehl geben. Sahne- und Eiergemisch dazugeben, gut durchkneten. Rollen formen. Über Nacht kühl stellen und ruhen lassen.
Am nächsten Tag 1 cm dicke Scheiben schneiden, auf gefettetem oder mit Backtrennpapier ausgelegtem Blech und im vorgeheizten Ofen (E-Herd: 200 °C/Umluft 175 °C/Gas: Stufe 3) je nach Dicke und Größe

12–15 Minuten backen, bis die Ränder leicht bräunen. Pfeffernüsse sollten nicht zu groß sein, deshalb werden die Rollen dünn geformt.

Knerken

Zutaten
75 g Margarine
75 g Zucker
75 g saure Sahne
1 mittleres Ei
275 g Weizenmehl
1 Msp. Kardamom
5 g Hirschhornsalz (in 1 TL Wasser aufgelöst)
Eigelb zum Bestreichen

(2–3 Bleche)

Zubereitung
Fett auslassen und abkühlen. Zucker, saure Sahne und das Ei gut mit dem Fett verrühren, alles zusammen schaumig schlagen. Mehl mit Kardamom und Hirschhornsalz vermischen, alles gut verkneten. 3 cm dicke Rollen formen, über Nacht kühl stellen. Von den Rollen 1 cm dicke Scheiben schneiden, mit Eigelb bestreichen. Bei mittlerer Hitze (E-Herd: 200 °C/Umluft 175 °C/Gas: Stufe 3) 10–15 Minuten backen. Backofen ausstellen. Knerken noch 30 Minuten nachtrocknen lassen.

Kneepkuchen

Zutaten
250 g Mehl
60 g Zucker
125 g Butter oder Margarine
3 EL süße Sahne
1 EL Wasser
5 g Hirschhornsalz (in 1 TL Wasser aufgelöst)

(2–3 Bleche)

Zubereitung
Alle Zutaten zu einem geschmeidigen Knetteig verarbeiten. Dünn ausrollen, mit einem Teigrad zu Quadraten ausradeln. Bei mittlerer Hitze (E-Herd: 200 °C/Umluft 175 °C/Gas: Stufe 3) 10–12 Minuten backen.

Friesenkekse

Zutaten
225 g Butter
125 g Margarine
180 g Zucker
1 mittelgroßes Eigelb
400 g Weizenmehl

Für den Zuckerrand:
1 mittelgroßes Eiweiß
Hagelzucker

(für 3–4 Bleche)

Zubereitung
Alle Zutaten – außer Eiweiß und Hagelzucker – zu einem sehr weichen Rührteig verarbeiten. Über Nacht kühl stellen.
Am nächsten Tag den Teig schnell mit kühlen Händen durchkneten und zu nicht zu dicken Rollen formen. Erneut 1 Stunde kühl stellen. Dann die Rollen in Eiweiß drehen und in Hagelzucker wälzen. Erneut kurz kühl stellen. ½ cm dicke Scheiben abschneiden, auf ein mit Backpapier ausgelegtes Blech legen – mit großem Abstand, denn der Teig breitet sich stark aus. Im vorgeheizten Ofen (E-Herd: 200 °C/Umluft 175 °C/Gas: Stufe 3) 10–12 Minuten backen. Die Friesenkekse müssen hell bleiben, nur die Zuckerränder dürfen leicht bräunen. Sofort vom Blech heben. Die zarten Friesenkekse werden in geschlossenen Keksdosen zwischen Pergamentpapier gelagert.

Norddeutsches Traditionsgebäck: Friesenkekse von der Bäckerei Ingwersen in Morsum auf Sylt.

Bremer Brot (Plätzchen)

Zutaten
125 g Butter
125 g Margarine
300 g Zucker
2 mittelgroße Eier
500 g Weizenmehl
30 g Kakao
1 Päckchen Pfefferkuchengewürz
½ Päckchen Backpulver
250 g gehackte Mandeln
(nach Belieben: Zucker- oder Zitronenglasur = 200 g Puderzucker mit 1 Eiweiß oder 5 EL Wasser verrühren, evtl. mit etwas Zitronensaft würzen)

(für 2 Bleche)

Zubereitung
Butter, Margarine, Zucker und Eier lange mit dem Rührstab schlagen, bis eine sehr weiche Masse entsteht. Die restlichen Zutaten gut mischen und nach und nach mit dem Knethaken unterkneten. Aus dem weichen Teig vorsichtig mit bemehlten Händen eine Kugel formen und in Frischhaltefolie 2 Stunden kühl stellen.
Backbleche mit Backtrennpapier auslegen. Teig halbieren, einen Teil zurück in den

Kühlschrank legen. Den ziemlich weichen Teig auf dem Blech mit wenig Mehl bestäuben und bis in die Ecken glatt ausrollen, mit einer Gabel ein paar Löcher einstechen. Im vorgeheizten Ofen (E-Herd: 200 °C/Umluft 175 °C/Gas: Stufe 3) 12–15 Minuten backen, die Ränder beginnen zu bräunen. Blech herausheben und sofort mit einem scharfen Messer oder einem Schneiderad in längliche Stücke oder Rhomben schneiden. Auskühlen lassen. Nach Geschmack mit Glasur bestreichen. Die zweite Portion entsprechend verarbeiten.
In dicht geschlossener Keksdose aufbewahren.

„Groß Weibel und klein Männel" heißt dieses Figurengebäck aus dem Erzgebirge. Die bunt bemalten Gestalten aus dem Dorfleben, auch Tiere, wurden auch „Zuckermännel" genannt und verschenkt oder an den Baum gehängt.

Von Wiehnachtspoppen bis Kinjeeskoken

Richtig gut anzuschauen sind alle Gebäcke, die Figuren darstellen. In der Weihnachtszeit sind die Bäckereien voller lustiger Weihnachtsmänner, Herzen und Pferdchen. Einige stechen und modeln noch die ganz alten Formen aus und schmücken die gebackenen Bilder.
Manches Figurengebäck, das im Winter gebacken wird, nennt man von alters her Puppen oder Püppchen, niederdeutsch Poppen. Die begehrten Wiehnachtspoppen und Stutenpoppen, auch nach dem Jesuskind Kinjeeskoken („Kind-Jesus-Kuchen"), Kinjeestüüg oder Kinkentjüg („Kind-Jesus-Zeug") genannt, stellten die Tier- und Menschenwelt dar. Sie werden im ganzen Norden noch von manchem traditionsbewussten Bäcker gebacken, vereinzelt auch fröhlich bunt bemalt. Kinjeeskoken sind ein

Brauchtumsgebäck und gehören an den Friesenbogen, den traditionellen friesischen Weihnachtsschmuck, sie sind aber auch ein Kindergeschenk. Auf der nordfriesischen Insel Föhr gibt es das ausgestochene weiße Adam- und Eva-Gebäck mit den aufgemalten roten Rändern, in Hannover backt ein einziger Bäcker die herrlichen rot glänzenden niedersächsischen Hitjepoppen, die mit rotem Zuckerguss bemalt werden und einen weißen Rand erhalten – viel Freude also für die Kinder. In manchen Familien werden Nikoläuse und Poppen noch selbst gebacken, es gibt ja auch dafür wieder Backformen.

Ein Martinsreiter, ein Nikolaus, ein Hahn – und viele andere traditionelle Figuren werden mit alten Formen ausgestochen, gebacken und mit rotem Zuckerguss bestrichen. Mit weißer Eiweißspritzglasur werden dann die feinen Muster aufgetragen. Nur bei Bäcker Borchers in Hannover gibt es noch diese „Hitjepoppen“.

Zutaten
50 g Schmalz
1/8 l Wasser
1 EL Rosenwasser
400 g Weizenmehl
200 g Zucker
1 geh. TL Hirschhornsalz
1 geh. TL Pottasche
rote Lebensmittelfarbe zum Bemalen

Dieses Figurengebäck wird mit traditionellen Formen ausgestochen, Puppen und Tiere, Mühlen und Schiffe – auch Adam und Eva mit dem Paradiesbaum. Je nach Art und Größe der Figuren ergibt das Rezept 3–5 Bleche.

Kinjeeskoken (Kinjeestüüg, Kinkentjüg, Kindschestüch, Kientjes, Wiehnachtspoppen)

Zubereitung
Schmalz mit Wasser aufkochen, abkühlen lassen. Rosenwasser unterrühren. Mehl und Zucker mischen. Hirschhornsalz und Pottasche in wenig Wasser auflösen und dazugeben. Alle Zutaten zu einem elastischen Teig verkneten. Sehr dünn ausrollen und in den typischen Figuren und Formen ausstechen. Wenn die alten Ausstechformen nicht mehr vorhanden sind, können alle anderen Figuren-Formen verwendet werden. Im vorgeheizten Ofen (E-Herd: 200 °C/Umluft 175 °C/Gas: Stufe 3) 15–20 Minuten backen, die Kuchen müssen hell bleiben. Auskühlen lassen. Mit roter Speisefarbe oder mit rotem Zuckerguss an den Rändern Konturen auftragen.

Sternanis und Zimt gehören zu den Weihnachtsgewürzen, außerdem Fenchel, Gewürznelken, Ingwer, Kardamom, Koriander, Muskat und Piment.

Die Pfeffer- oder Lebkuchen

Wer denkt heute noch daran, dass es viele Jahrhunderte lang vor Weihnachten eine Fastenzeit gab, die streng eingehalten wurde. Da herrschten strikte Regeln und Verbote, die auch für Gebackenes galten. So kam es, dass in Klöstern von den Nonnen und Mönchen Fasten- und Almosen- und Lebens-Gebäcke gebacken wurden. Weiße Stuten, Fettgebackenes und Lebens-Kuchen gehörten dazu, also Lebkuchen mit den Säften und Kräutern aus den Heilgärten. Sieben oder neun sollen es auch heute noch sein, die das Heil der sieben Tage bringen, oder neun Gewürze als Symbol für die dreifache Dreifaltigkeit – also nehmen wir für die Haus-

bäckerei bei Lebkuchen und Honigkuchen ein Neuner- oder Pfefferkuchengewürz. Manche Lebkuchen heißen Pfefferkuchen, weil man früher die Namen der fremdländischen Gewürze gar nicht kannte. Man sprach einfach von „Pfeffer", wenn es „fremd" und scharf schmeckte. Aus den dicken, wohlriechenden und gut gewürzten Teigen buk man Plätten und Herzen, Kathrinchen (siehe Seite 56) und halbkugelige Pflastersteine und ab Ende des 19. Jahrhunderts auch die Pfefferkuchen- beziehungsweise Lebkuchenhäuser, die auch Hexenhäuschen genannt wurden. Was haben die eigentlich mit Weihnachten zu tun? Diese bunten essbaren Kunstwerke entstanden nach der Uraufführung

Der Kupferstich von Johann Christoph Weigel zeigt Lebküchner bei der Arbeit, Abraham a Sancta Clara schrieb die Verse dazu (aus: „Abbildung und Beschreibung der gemeinnützlichen Hauptstände", Regensburg 1698).

Lebkuchen

Lebkuchen werden vor allem in der Advents- und Weihnachtszeit gebacken. Sie heißen auch Pfeffer- oder Gewürzkuchen, die Honigkuchen-Rezepte gehören ebenfalls dazu. Man kann sie in allerbester Qualität in vielen Formen kaufen. Aber Selbermachen hat ja was. Wichtig ist beim Lebkuchen das Gewürz – nach altem Brauch sind es sieben oder neun Gewürze (siehe Seite 40), die man auch als Lebkuchen- oder Pfefferkuchengewürz fertig gemischt kaufen kann. Der zweite wichtige Punkt ist, dass Lebkuchen nicht mit Backpulver oder Hefe, sondern mit Hirschhornsalz und Pottasche als Triebmittel gebacken werden. Süß wird der Teig durch Honig oder Zuckerrübensaft, also dunklen Kuchensirup.
In der Geschichte tauchen die ersten Lebkuchen im Aachener Raum und dann in Franken auf. Später in den großen Handelsstädten, die aufgrund ihrer umfangreichen Fernhandelsbeziehungen auch Zugriff zu den unglaublich teuren Gewürzen hatten. Nürnberg war außerdem ein guter Standort für Bienenvölker, die den Honig brachten. Lebkuchen wurden in den Klöstern gebacken – als Lebens-Kuchen, meist auf Oblaten – und vielfach auch an Arme verteilt. Dieses Gebäck war lange haltbar und konnte gut gelagert werden.

von Engelbert Humperdincks Oper „Hänsel und Gretel“ am 23. Dezember 1893. Eine tolle Geschichte, die ganz schnell Jung und Alt erfreute. In Hausmusik, mit Papiertheatern und im Kinderspiel wurde die Oper nachgespielt. Da mussten nun alle kleinen und großen Kinder ein eigenes buntes Lebkuchenhäuschen mit Hänsel und Gretel und der buckligen Hexe haben. So wurde gebacken und geschmückt und mit viel Fantasie ein ganzes Märchenland aufgebaut. Bis heute sind Kuchenkünstler überall am Werk, es gibt dafür sogar Wettbewerbe und längst ganz moderne Häuslebauer. Sogar vorgefertigte Bausätze und Ausstechformen. Also schnell ans Werk!

Lebkuchen

Zutaten
250 g Kunsthonig (Invertzucker)
100 g Zucker
100 g Margarine
2 mittelgroße Eier
500 g Weizenmehl
1 Päckchen Neunergewürz oder Pfefferkuchengewürz
1 geh. TL Hirschhornsalz
1 geh. TL Pottasche

Teigmenge für 1–2 Bleche, wenn Teigformen ausgestochen werden, sind es mehr. Lebkuchen- beziehungsweise Honigkuchenrezepte gibt es in großer Zahl. Dieses Rezept eignet sich gut für dicke Herzen und für selbstgebackene Lebkuchenhäuser – dafür wird, je nach Konstruktion und Größe, das drei- bis vierfache Rezept gebraucht.

Zubereitung
Invertzucker, Zucker und Margarine aufkochen, bei geringer Hitze zu einer homogenen Masse rühren, vom Herd nehmen und auskühlen lassen. Eier aufschlagen und unterheben.
Mehl und Gewürze mischen. Hirschhornsalz und Pottasche in wenig Wasser auflösen, zum Mehl dazugeben. Die Zuckermischung gut unterrühren. Den Teig kräftig durchkneten. Eine Nacht stehen lassen. Teig erneut durchkneten. ½–1 cm dick ausrollen und Herzen oder Figuren ausstechen. Je nach Dicke und Größe im vorgeheizten Ofen (E-Herd: 200 °C/Umluft 175 °C/Gas: Stufe 3) 25–35 Minuten backen, bis die Ränder leicht bräunen. Auskühlen lassen.
Die Herzen und Figuren können mit Zuckerguss (in allen Farben) bemalt und auch be-

klebt und verziert werden. Beim Backen von Lebkuchenhäusern müssen die Bauteile vor dem Backen geschnitten werden. Sollen Lebkuchenherzen aufgehängt werden, dann müssen die Löcher vor dem Backen ausgestochen werden. Lebkuchen werden in geschlossenen Keksdosen aufbewahrt.

Lebkuchenfiguren mit Zuckerguss und bunten Smarties erfreuen Kinderherzen.

Bastelanleitung Lebkuchenhaus

Für das Haus rechts wird die dreifache Menge des Lebkuchenrezepts von Seite 42 benötigt. Wenn Teig übrigbleibt, machen Sie daraus Herzen oder andere Figuren. Wer ein Lebkuchenhaus backen will, sollte sich zuerst die Bauteile als Pappschablonen zurechtschneiden, den Teig etwa 1 cm dick ausrollen und dann die angegebenen Maße ausradeln. Nach dem Backen werden die einzelnen Teile mit zähflüssigem Zuckerguss zusammengebaut und geschmückt. Beachten Sie, dass Dach, Giebel und Seitenwände zweimal zugeschnitten werden! Wir empfehlen, die ganzen Hausteile auf die aus Pappe ausgeschnittenen Schablonen zu montieren, auf die dann die Lebkuchenteile mit Zuckerguß aufgeklebt werden. Dann nach eigener Fantasie verzieren. Bitte bedenken Sie, dass Sie auch die Türen und Fenster aus dem Lebkuchenteig ausschneiden und backen.

2 x Seitenwand

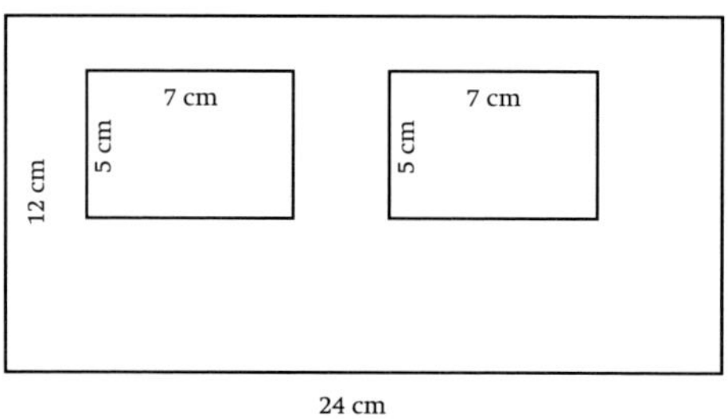

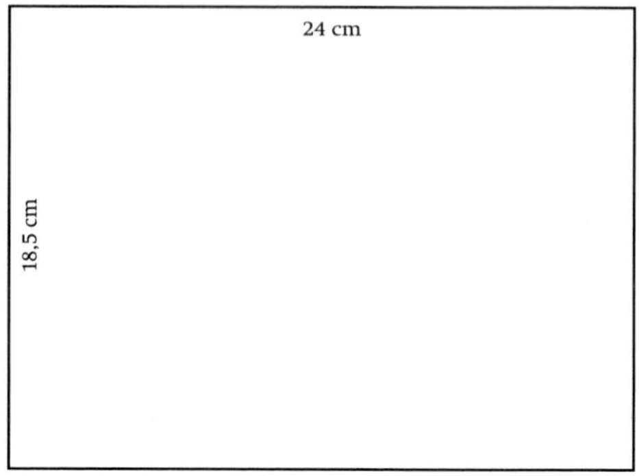

2 x Dach

2 x Giebel

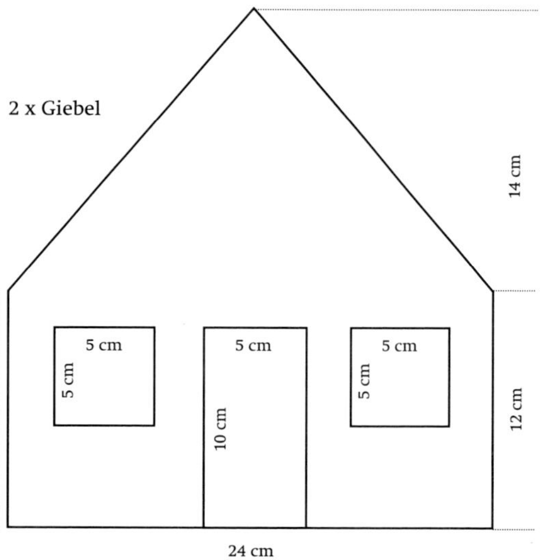

Knusperhäuschen oder Hexenhäuschen werden die Lebkuchenhäuser auch genannt, denn Engelbert Humperdincks Kinderoper „Hänsel und Gretel" von 1893 war ursprünglich das Vorbild dafür. Jeder ist da sein eigener Baumeister, darf formen und schmücken, wie er will.

Aus Modeln werden Spekulatius

Ganz früh dachten sich die Bäcker und Schnitzer auch Formen aus, in die man Teig hineindrücken und dann zu Bildern verbacken konnte. Die Formen nannte und nennt man Modeln. Je nach Teig wurden daraus die weißen, luftigen Springerle mit ihren „Füßchen" oder die meist dunkleren Spekulatius, die würzigen flachen Kuchen, die uns durch ihre Bilder ganze Geschichten erzählen. Zunächst einmal vom „speculator" (= dem Bischof) Nikolaus. Ihm zu Ehren schnitzten Modelschnitzer mit großer Finger- und Kunstfertigkeit Bischofs-Bilder samt Mitra und Krummstab ins weiche Holz. Auch Heilige aller Arten wurden dargestellt und das in Windeln gewickelte Christuskind. Heute haben Spekulatius immer noch ihre Bildersprache – wir finden Nikoläuse, Vögel und Hähne, Blumen und Mühlen, sogar Häuser und Schiffe und auch Autos in den Packungen. Neuerdings gibt es Modeln aus modernem Material zu kaufen – es ist ganz einfach, den Teig da hineinzudrücken und mit den Mustern auszubacken. Es gibt sogar Spekulatiuswalzen. Wer es also selber probieren will ...

Zutaten
200 g Butter
150 g Zucker
1 mittelgroßes Ei
1 EL Kuchensirup
350 g Weizenmehl
1 Päckchen Backpulver
1 Prise Salz
je 1 Msp. Kardamom, Nelkenpulver, Zimt, Muskat
abgeriebene Schale einer unbehandelten Zitrone
100 g Mandeln gemahlen

Spekulatius (mit Holzmodeln, Modelwalzen oder Flexi-Formen geformt und ausgestochen)

Zubereitung
Butter, Zucker und Ei schaumig schlagen. Kuchensirup unterrühren. Mehl mit den Gewürzen und den Mandeln verrühren. Nach und nach unter das Buttergemisch geben. Sehr gut durchkneten. Mit der Hand eine Kugel formen. Abgedeckt über Nacht ruhen lassen.

Teig erneut durchkneten. Auf wenig Mehl etwa 4 mm dick ausrollen. Modelformen mit Mehl ausstreuen. Modeln in den Teig drücken. Musterstücke ausschneiden. Auf ein mit Backtrennpapier ausgelegtes Blech legen. Raum zwischen den Figuren und Stücken lassen. Bei mittlerer Hitze im vorgeheizten Ofen (E-Herd: 200 °C/Umluft 175 °C/ Gas: Stufe 3) je nach Dicke und Größe 10–15 Minuten backen. Spekulatius dürfen nicht zu dunkel werden.
Anmerkung: Man kann den Spekulatiusteig auch als Teigplatte ausrollen und auf dem Blech in Rauten schneiden.

Ein richtiger Nikolaus-Bischof aus Spekulatiusteig ist hier ausgemodelt worden.

Von Stuten, Stollen und Ballbäuschen

Die Legende vom Dresdner Stollen, der als Votivgebäck das in Windeln gewickelte Christuskind darstellt, diese schöne Erzählgeschichte wanderte mit dem gehaltvollen Wintergebäck erst in den letzten Jahrzehnten auf unsere Tische und Teller. Solange der Dresdner Stollen noch nicht überall zu kaufen war, backte man im Norden Stuten (auch Klöben oder Klaben genannt), Korinthensemmeln und auch runde und platte Heißewecken. Jedes Haus nach dem besten aller Rezepte. Das war etwas ganz Besonderes, denn kostbares weißes Mehl durfte alltags nicht verbacken werden, und dann noch das „Bunte" im Teig, kostbare Rosinen und Korinthen, Sukkade und Mandeln – und ganz viel Butter! Was für Festgebäcke! Inzwischen ist der aus Sachsen stammende Stollen mit einer großen Vielfalt von Rezepten auch im ganzen Norden heimisch geworden. Es gibt sogar spezielle Backformen dafür.

Norddeutscher Rosinenstuten

Zutaten
1 kg Weizenmehl
150 g Zucker
1 gestr. TL Salz
¾ l Milch
500 g Butter
2 Würfel frische Hefe
1 TL Zucker
500 g Sultaninen (nach Geschmack über Nacht in Rum legen)
200 g gehobelte oder gestiftelte Mandeln
100 g Sukkade
100 g Orangeat gewürfelt
Butter
Zucker

Zubereitung
Mehl mit Zucker und Salz mischen. Milch erwärmen, die Butter darin auflösen. Hefe mit dem Zucker aufrühren, bis sie flüssig wird. Alles gut vermischen und zu einem sehr weichen Hefeteig verrühren. Gut durchschlagen und 30–60 Minuten an einem warmen Ort gehen lassen. Sultaninen, Mandeln, Sukkade und Orangeat gut vermischen. Teig erneut gut durchkneten. Trockenfrüchte-Mischung vorsichtig unterarbeiten, nicht zerschlagen. Teig zu einem länglichen Laib formen, in eine gebutterte Backform geben, oben einschneiden und noch einmal 20 Minuten gehen lassen. Im vorgeheizten Ofen (E-Herd: 200 °C/Umluft 175 °C/Gas: Stufe 3) 45–55 Minuten backen. Zwischendurch mehrfach mit Butter bestreichen. Aus der Form heben, mit Butter bestreichen, in Zucker wälzen. Langsam auskühlen lassen.

Quarkstollen

Zutaten
500 g Weizenmehl
1 Päckchen Backpulver
200 g Zucker
250 g magerer Quark
2 mittelgroße Eier
1 TL Rum
Saft von einer Zitrone
125 g Butter
125 g geriebene Mandeln
250 g Sultaninen
Butter zum Bestreichen
Puderzucker zum Bestreuen

Zubereitung
Mehl, Backpulver und Zucker mischen. Quark, Eier, Rum und Zitronensaft gut verrühren. Zum Mehlgemisch geben. Butter in kleinen Stückchen, Mandeln und Sultaninen mischen und unter den Teig kneten. Den glatten Teig zu einem Stollen formen. Auf ein mit Backtrennpapier ausgelegtes Blech oder in eine längliche Backform legen und im vorgeheizten Ofen (E-Herd: 200 °C/ Umluft 175 °C/Gas: Stufe 3) 60 Minuten backen. Herausheben, mit flüssiger Butter bestreichen, unter einem Tuch auskühlen lassen.
Erneut mit flüssiger Butter bestreichen, mit Puderzucker bestreuen.

Der Quarkstollen ist eine leckere Weihnachtsbäckerei.

Zum Jahreswechsel backt man im Norden immer Fettgebäcke und leckere Waffeln (Rezepte siehe Dicke weiche Waffeln und Neujährchen). Vom Schlachten hatte man früher die Schmalztöpfe, da konnte man gut die regional typischen Spezialitäten, die Schränk (schräg, verdreht) und die Büxen (auch „umdreiht Jungs" oder „verdreihte Jungs" genannt, Rezept siehe Schürzkuchen) und alle die anderen Sorten ins sprudelnde Fett geben. Ebenso die Ballbäuschen (auch Kreppel genannt), also kleine Teigbällchen oder Krapfen, die wie Mutzen ausgebacken werden – und die Speckendicken (Rezept Seite 136) in Ostfriesland, die am besten im Waffeleisen gelingen.

Dicke weiche Waffeln

Zutaten
120 g Butter
4 mittelgroße Eier
100 g Puderzucker
200 ccm Sahne
150 g Weizenmehl
1 Prise Salz
abgeriebene Schale von 1 unbehandelten Zitrone
Fett zum Ausbacken
Puderzucker zum Bestreuen

(etwa 20 Stück)

Zubereitung
Eier trennen. Butter, Eigelb und Puderzucker sehr schaumig rühren. Sahne gut unterrühren. Mehl mit Salz und Zitronenschale vermischen und unterrühren. Eiweiß sehr steif schlagen und vorsichtig unterheben. Waffeleisen für dicke Waffeln ausfetten, mit einem großen Esslöffel Teig einfüllen, goldbraun abbacken. Waffel sofort herausheben, mit Puderzucker bestreuen und noch warm essen. Dicke Waffeln schmecken auch gut mit Marmelade oder Kompott, auch mit Eis, Sahne und frischen Früchten.

Neujährchen (Dünne Waffeln, Eiserkuchen)

Zutaten
250 g brauner Kandis
¼ l Wasser
50 g Butter
2 TL Rum
250 g Weizenmehl
1 Prise Zimt
Fett zum Backen

(etwa 20 Stück)

Zubereitung
Kandis mit Wasser und Butter aufkochen, auflösen, auskühlen lassen. Den Rum dazurühren. Mehl und Zimt mischen und nach und nach dazugeben. Zu einem geschmeidigen Teig verarbeiten.Waffeleisen für dünne Waffeln ausfetten. Einen Esslöffel Teig einfüllen, bei nicht zu großer Hitze goldbraun backen. Die Waffel sofort vom Eisen nehmen und entweder flach auskühlen lassen oder zu einer Tüte oder Rolle aufdrehen und danach auskühlen lassen. Tüten und Rollen füllt man später mit Schlagsahne.

Schürzkuchen (regional auch „Büxen“ oder „Verdreihte Jungs“ genannt)

Zutaten
250 g Weizenmehl
250 g Speisestärke
½ Päckchen Backpulver
125 g Zucker
1 Päckchen Vanillezucker
1 Prise Salz
2 mittelgroße Eier
2 mittelgroße Eigelb
100 g Butter
100 ccm Sahne
Schmalz zum Ausbacken
Puderzucker zum Bestäuben

(je nach Größe 20–50 Stück)

Zubereitung
Aus allen Zutaten einen Mürbeteig kneten. Zur Kugel formen, kühl stellen.
Auf wenig Mehl ½–1 cm dick ausrollen. Mit einem Teigrädchen 2,5–3 cm breite Streifen ausradeln, in 8 cm lange Stücke teilen. Teigstücke in der Mitte einschlitzen. Eine Teighälfte durch den Schlitz ziehen, also schürzen (daher heißen sie auch Schürzkuchen). Die Teigstücke in heißem Schmalz rundherum goldgelb ausbacken. Herausheben, auf Küchenkrepp abtropfen lassen, mit Puderzucker bestäuben.

Ballbäuschen (auch Kreppel oder Krapfen genannt)

Zutaten
¼ l Wasser
50 g Butter
25 g Puderzucker
1 Päckchen Vanillezucker
1 Prise Salz
100 g Weizenmehl
25 g Stärkemehl
abgeriebene Schale von 1 unbehandelten Zitrone
4 mittelgroße Eier
25 g geriebene Mandeln
Fett zum Ausbacken
Puderzucker zum Bestreuen

(je nach Größe 20–30 Stück)

Zubereitung
Wasser mit Butter, Zucker und Salz zum Kochen bringen. Topf vom Herd nehmen. Mehl und Zitronenschale mischen und in den Topf schütten. Sehr gut verrühren. Topf auf den Herd stellen, die Masse bei ständigem Rühren aufkochen lassen, bis sich ein Kloß bildet und am Boden des Topfes eine Haut entsteht. Teigkloß sofort in eine Schüssel geben, ein Ei unterrühren. Den Teig 10 Minuten abkühlen lassen, Mandeln und nach und nach die restlichen Eier unterrühren. Fett heiß werden lassen. Mit Tee- oder Esslöffel Teig abstechen und im Fett hellbraun ausbacken. Auf Küchenkrepp abtropfen lassen. Mit Puderzucker bestreuen. Heiß essen.

Der Ursprung der Förtchen sind „Nonnenfürzchen“

Eine ganz eigene Geschichte haben die kleinen runden Teigbällchen, die in Fettpfannen gebacken werden – so wie die niederländischen Poffertjes auf den Weihnachtsmärkten. Am Niederrhein heißen sie Püfferkes. Im Norden backt man bis heute in den eisernen Ochsenaugenpfannen mit sieben oder neun Löchern, Förtchen (auch Fortiis, Furtjens, Futtjens, Fürten, Ossenogen und anders) genannt. Der gemeinsame Ursprung sind die „Nonnenfürzchen“, die in den Klöstern und noch heute im Rheinland gebacken werden. Im dänischen Grenzland und auch in Hamburg kennt man sie als Apfelkuchen, „Appelkoken“, weil dort in dem dickflüssigen Teig Apfelstückchen mitgebacken werden. Einst hatten alle Familien im Norden hauseigene, traditionelle Förtchenrezepte. Verschiedenartige Teige – Hefeteig, Rührteig, Brandteig – sind möglich. In manchen Familien wurde der Teig auch etwas fester gerührt, dann mit dem Löffel abgestochen und schwimmend im Fetttopf gebacken. Förtchen gehörten im ganzen Norden einst zum Weihnachtsfest und vor allem zum Silvesterabend. Zum Jahreswechsel aß und isst man sie in großer Zahl, schließlich glaubt man, dass viel „Fettes“ ein gutes neues Jahr bringt. Sie sind gewissermaßen die kleinen Urahnen der Berliner, die ja heute zur Jahreswende gegessen werden.

Förtchen
(Pförtchen, Futtjens, Ochsenaugen, Apfelkuchen)

Zutaten
4 mittelgroße Eier
350 g Weizenmehl
1 Prise Salz
1 Prise Kardamom
1 TL Rosenwasser
1 Würfel Hefe
1 geh. TL Zucker
¼ l Milch
⅛ l Sahne
Fett zum Ausbacken
Puderzucker zum Bestreuen
nach Belieben als Füllung: Apfelstücke, Pflaumenmus, Rosinen

(für 30–40 Stück)

Zubereitung
Eier schaumig schlagen. Mehl mit Salz, Kardamom und Rosenwasser verrühren. Hefe mit Zucker aufrühren, bis sie flüssig ist. Eier, Hefe, Milch und Sahne zum Mehl dazugeben, alles zu einem dick fließenden Hefeteig verrühren und gut durchschlagen. 30 Minuten warm stellen und gehen lassen. Noch einmal durchschlagen. Förtchenpfanne (Ochsenaugenform) ausfetten, in jede Öffnung einen Esslöffel voll einfüllen. Bei niedriger Hitze auf dem Herd einseitig bräunen lassen. Mit einer Gabel die Teigkugeln umdrehen und die andere Seite backen. Die Förtchen müssen goldbraun sein, sie dürfen nicht zu dunkel werden. Innen muss der Teig gar sein. Herausheben, mit Puderzucker bestäuben.
Nach Belieben können die Teigbällchen vor dem Umdrehen mit einem Apfelstück, etwas Pflaumenmus oder ein paar Rosinen gefüllt werden.

Tag der heiligen Katharina (25.11.)

Die vierzehn Nothelfer

Zu den vierzehn Nothelfern, die im 2. bis 4. Jahrhundert von den Kirchenvätern benannt wurden, gehören auch Katharina und Barbara. Für Katholiken sind sie Heilige, für die Protestanten Vorbilder im Glauben. Im christlich geprägten Volksbrauch werden die Nothelfer um Hilfe angerufen – je nachdem, wofür sie als Schutzpatrone gelten. Es sind im Kern drei weibliche und elf männliche Personen – es gibt aber in den verschiedenen Zeiten, Ländern und Regionen immer auch weitere große christliche Heilige, die zu den Nothelfern dazugerechnet werden.

Auch wenn nur noch wenige die Heiligentage kennen und schon gar nicht die Bräuche, die ja alle sehr alt sind, so sind doch Namen und manche Geschichte erhalten geblieben. So auch die von den Thorner Kathrinchen.

Spätestens am Katharinentag, also am 25. November, beginnt man – auch im Norden, wo die Lebkuchenbäckerei ja nicht ursprünglich „zu Hause" ist – mit dem Backen der schweren, gewürzten Honiggebäcke. Dazu gehören die „Kathrinchen", die man an diesem „Tag der heiligen Katharina" vorbereitet. Man sticht sie in Form von Rädern aus und belegt sie mit halben Mandeln.

Kathrinchen sollen an die seit dem Mittelalter stark verehrte Heilige aus dem 4. Jahrhundert erinnern, die entsetzlich gefoltert wurde, dennoch standhaft Christin blieb und immer wieder Heiden von ihrem Glauben überzeugte. Dazu gehörten auch 50 große Philosophen, die ihr der römische Kaiser Maxentius gegenüberstellte. Katharina, die junge Königstochter aus Alexandria, muss unglaublich schön, reich und klug gewesen sein. Kaiser Maxentius verurteilte sie nach langen Leidenszeiten zum Tode. Er ließ sie auf ein Rad flechten – eine der damals grausamsten Foltermethoden. Aber, so die Legende, das Rad zerbrach durch einen Blitzschlag, die Folterer wurden getötet und die junge Katharina gerettet. Das Volk, auch die Kaiserin, sahen darin ein Wunder und traten zum Christentum über. Da ließ der Kaiser

Lelio Orsi malte im 16. Jahrhundert dieses schreckliche „Martyrium der heiligen Katharina“. Zu den Symbolen der Heiligen gehört das Rad, auf das sie geflochten wurde.

den Henker zum Schwert greifen. Engel, so erzählt man, entführten die Erschlagene auf den Sinai. Das Kloster dort wurde nach ihr benannt. Eine wahrlich grausame Geschichte.

Die heilige Katharina ist eine der sogenannten vierzehn Nothelfer und auch die Schutzpatronin der Philosophen, der Theologen und Gelehrten, der Lehrer und Studenten – klug wie sie war!

Die Hochburgen der Lebkuchengebäcke waren seit dem 13. Jahrhundert – aufgrund der großen Bienenvölker und der Gewürzhandelswege – die Städte Nürnberg, Königsberg

Nürnberg ist eines der ältesten Zentren der Lebkuchenherstellung. Dieser Holzschnitt zeigt, wie Kaiser Friedrich III. im Jahr 1487 die Nürnberger Kinder anlässlich eines Reichstags in der Stadt mit Lebkuchen beschenkte, auf denen sein Bildnis zu sehen war.

und Thorn (Westpreußen). Das Figurengebäck Kathrinchen haben die Lebkuchenbäcker im Kloster von Thorn wohl ab Mitte des 16. Jahrhunderts gebacken. Im ganzen Norden heimisch geworden sind die Thorner Kathrinchen mit den Menschen, die nach dem Krieg aus dem Osten kamen. Ein leckeres Erinnerungsgebäck!

Zutaten
400 g Honig
60 g Margarine
1 mittelgroßes Ei
500 g Weizenmehl
1 Päckchen Neunergewürz oder Pfefferkuchengewürz
1 geh. TL Hirschhornsalz
1 geh. TL Pottasche
halbe Mandeln
Zuckerglasur (aus Eiweiß und Puderzucker, Zitronensaft und Puderzucker oder fertig gekauft)

(je nach Größe für 3–4 Bleche)

Rezept Thorner Kathrinchen (Honiglebkuchen)

Zubereitung
Honig und Margarine aufkochen. Abkühlen lassen. Das Ei unterrühren. Mehl mit den Gewürzen mischen, Hirschhornsalz und Pottasche in wenig Wasser auflösen und zum Mehl geben. Honigmischung unterkneten. Mindestens eine Nacht ruhen lassen.
Teig erneut durchkneten, dick ausrollen und mit rechteckigen, gezackten Kathrinchenformen oder als runde Noppen ausstechen. Mit großem Abstand auf das gefettete oder mit Backtrennpapier ausgelegte Blech geben. Die

Das westpreußische Thorn war ein weiteres Zentrum der Lebkuchenbäckerei. 1929 entstand diese Fotografie in Thorn bei der Firma Weese. Im Packraum laufen die Lebkuchen vom Kühlkanal über ein Transportband und rutschen dann zu den Packerinnen hin.

Teigstücke mit Wasser bestreichen und mit Mandelhälften belegen. Im vorgeheizten Ofen (E-Herd: 200 °C/Umluft 175 °C/Gas: Stufe 3) je nach Dicke und Größe 15–20 Minuten backen. Die Ränder leicht bräunen lassen.

Nach Geschmack noch warm mit Zuckerglasur bestreichen.

So sehen die fertig gebackenen Thorner Kathrinchen aus.

Künder der Zukunft – Andreastag (30.11.)

Andreasorakel

Andreas, heiliger Schutzpatron,
gib mir doch nur einen Mann,
und lass mich im Bild ihn sehn,
ob er hässlich oder schön,
ob er geistlich oder weltlich,
ob er jung ist oder ältlich,
ob's ein Junker, stolz und frei,
ob er arm, doch fromm dabei.
St. Andreas, zeig mir's an,
ob und was ich hoffen kann.
St. Andreas, ich bitte dich!
Denk doch dieses Jahr an mich!

(aus Rüdiger Vossen: „Weihnachtsbräuche in aller Welt", Ellert & Richter Verlag, Hamburg 2012)

Horoskope in Zeitungen und Zeitschriften sind beliebt, für jeden Tag, für jedes neue Jahr. Man möchte doch zu gerne wissen, was die Zukunft bringt. Früher, als man vieles aus der Natur sich nicht erklären konnte, war das Orakeln noch beliebter. Internetdatingportale und -börsen gab es auch noch nicht. Da musste man bei der Liebe zuweilen etwas nachhelfen. Also – Orakeln, Schicksal spielen, abergläubisch in die Zukunft schauen – das war für die jungen Leute früher das ganze Jahr hindurch ein herrliches Spiel. Wer jung und ledig war, der rätselte sich seine Zukunft herbei, wer verliebt war, aber noch keine Gewissheit hatte, hoffte, anhand symbolischer Spiele und Rituale den oder die Künftige(n) zu „schauen".
Der 30. November, der Andreastag, ist so ein alter Orakeltag. Auf dem Lande galt er den Liebesleuten als schicksalhaft. Die jungen Mädchen schauten in der Nacht in den Spiegel, nackt, wenn der Zauber wirken sollte, und hofften, wenn sie ein altes, geheimes Sprüchlein dabei aufsagten, ihren Liebsten zu erkennen. Er sollte ihnen dann auch im Traum erscheinen. Sie warfen einen ihrer Pantoffeln über die linke Schulter und hofften, dass er nach draußen zeigen würde, hinaus aus dem Haus in den Ehehafen. Sie schälten auch einen Apfel in einem Stück und warfen die Schale über die Schulter. Über die linke, wo das Herz saß. Zeigte der Apfelkringel einen Buchstaben? Dann war es klar: So würde der Künftige heißen. In Mecklenburg

Das viel zitierte Orakel von Delphi, dargestellt auf einer attischen Trinkschale (drittes Viertel des 5. Jahrhunderts v. Chr.) – hier wird die Geburt eines Königssohnes geweissagt ... Delphi galt als wichtigstes Orakel im antiken Griechenland. Heute treiben wir keinen Götterkult mehr, wenn wir „orakeln".

bildeten die jungen Mädchen in der Stube oder auf der Wiese einen großen Kreis. Dann holten sie eine Gans und verbanden ihr die Augen und ließen sie laufen. Die junge Frau, vor der die Gans dann haltmachte, galt als künftige Braut. Mit Bleigießen, mit Pfannkuchengießen in heiße Fetttöpfe und mit lustigen Paarspielen versuchte man einen Blick in die Zukunft zu erhaschen.

Immer waren an den frühen Abenden auch die herumziehenden Kinder dabei – bunt und wild verkleidet und unter Masken versteckt zogen sie von Haus zu Haus, sangen ihre Lieder, sagten ihre Bettelsprüchlein auf und sammelten leckere Gaben ein. Sie brachten gute Wünsche und Glück ins Haus. Dieser alte Brauch am Andreastag ist nur noch wenig bekannt, Halloween am 31. Oktober hat ihn abgelöst, der ursprünglich keltische

Einst Brauch am Andreastag: Junge Mädchen warfen ihren linken Pantoffel rückwärts über die Schulter in Richtung Tür. Zeigte die Schuhspitze auf die Tür, dann bedeutete das Hochzeit und Auszug aus dem Haus.

Brauch, der auf dem Umweg über Amerika nun bei uns mit all' seinen Kürbisgesichtern und Verkleidungen heimisch geworden ist. Es gab einen speziellen Grund für die Andreasbräuche: Seit dem 8. Jahrhundert gilt der 30. November als Gedenktag des Heiligen und als „Silvester der Kirche", es ist der letzte Tag im christlichen Kirchenjahr. Da schaut man zurück und agiert nach vorn – St. Andreas gilt dabei als Künder der Zukunft. Er war ein Märtyrer, der Bruder des Simon Petrus, einer der Apostel Jesu. In Polen, Ungarn und Russland, in Kleinasien und Griechenland missionierte er und tat viele Wunder. Er wurde gefoltert, gegeißelt und starb qualvoll am X-förmigen Kreuz. Das Andreaskreuz erinnert in vielen Ländern und Kulturen an den hochverehrten Heiligen, der auch der Nationalheilige der Schotten ist. Das Kreuz ist weltweit ein nationales und religiöses Symbol. Wir begegnen ihm aber auch immer wieder in unserem Alltag bei Verkehrszeichen. Insbesondere die Warnzeichen vor unbeschrankten Bahnübergängen nennen wir Andreaskreuze.

Bettelsprüchlein

Ich bin der kleine Andreas,
liebe Leute, gebt mir was.
Gebt mir nicht zu wenig,
ich bin ein kleiner König.
Lasst mich nicht zu lange steh'n,
ich will noch ein Haus weiter geh'n.

(Volksmund)

Eine Buchmalerei aus dem 15. Jahrhundert zeigt die schreckliche Hinrichtung des Apostels Andreas – die Kreuzigung mit gespreizten Armen und Beinen. Vorbild für das Andreaskreuz.

Advent – die Zeit der Erwartung

Kaum ist der Sommer vorbei, da entdeckt man die ersten Lebkuchen in den Läden, und auch die weihnachtlichen Schokoladenfiguren machen sich schon auf den Weg zu uns. Lange vor dem Nikolaustag drängeln sich die rotmützigen Weihnachtsmänner aus Schokolade in die Süßigkeitenregale, plötzlich ist Weihnachtliches überall. So, wie schon Ende Januar die ersten Osterhasen und Ostereier in die Einkaufskörbe hüpfen und rollen.

Doch der Advent – das ist eigentlich der Anfang, der „richtige" Anfang der Vorweihnachtszeit. Advent ist ja die Zeit der Vorbereitung, der Erwartung, der Vorfreude auf das Christfest.

Der Name leitet sich aus dem Lateinischen ab, adventus heißt Ankunft. Die Ankunft des Herrn wird erwartet, der Heilbringer, das Licht der Welt. Gut vier Wochen lang bereiten sich die gläubigen Christen auf den großen Freudentag und auf das Kind in der Krippe vor. Mit dem ersten Advent beginnt auch das neue Kirchenjahr. Es ist ein Jahr um Jahr wechselndes Datum – vom vierten Sonntag vor dem Christfest an zurück gerechnet, also dem 25.12. mit der Heiligen Nacht davor –, weil die Sonntage dic Grundlage der Berechnung sind.

Auch im Volksbrauchtum ist die Adventszeit eine spannende Wartezeit, zumal sie ja ein Teil des ganzen weihnachtlich-winterlichen Zyklus ist. Wir müssen uns sputen, einen Adventskranz zu binden oder schmucke Gestecke mit Kerzen ins Haus zu holen. Das

Strahlende Kinderaugen, vier brennende Kerzen auf dem Adventskranz: Weihnachten ist ganz nahe!

macht das Warten schön und vertreibt die Zeit wie im Flug. Nicht nur die Jüngsten warten ja ungeduldig auf den Weihnachtsabend.
Einen Adventskranz selber binden? Aber sicher – das ist kein Problem (Anleitung Seite 71) . Einen Kranz aus Zweigen oder Stroh bekommen wir im Bastelladen oder beim Blumenhändler. Zweige auch. Los geht's mit dem Festbinden der grünen Tannenzweige, dicht an dicht werden sie mit grünem Draht aufgebunden, auch anderes Immergrün – Buchsbaum, Thuja, Ilex und Eibe – passt gut dazwischen. Kerzen müssen dran oder drauf, nach altem Brauch sind es vier, für jeden Adventssontag eine. Aber wir müssen noch entscheiden: Legen wir den Kranz auf den Teller, hängen wir ihn an einen Ständer oder an

schönen breiten roten Bändern an die Decke? Alles ist möglich.
Der Schmuck mit grünen Zweigen aller Arten, mit Licht und symbolischen Früchten gehörte schon ganz früh in vielen Kulturen und Religionen in diese winterliche Zeit. Mit dem grünen Lichterkranz und mit den schönen Gestecken rückt der ersehnte Weihnachtstag Woche um Woche näher. Wie es in diesem volkstümlichen Gedicht beschrieben wird:

Advent, Advent,
ein Lichtlein brennt!
Erst eins, dann zwei, dann drei, dann vier,
dann steht das Christkind vor der Tür!

Der Adventskranz ist eine Tradition, die ihren Ursprung in Hamburg hat. Johann Hinrich Wichern war es, der Theologe und Sozialreformer und Begründer der Inneren Mission, der in Hamburg das „Rauhe Haus" aufbaute. Es war ein Heim für in Not geratene, verwahrloste und verwaiste Kinder und Jugendliche – ein christlich geführtes Haus, in dem täglich gemeinsam gebetet wurde. 1838 hielt Wichern erstmals im Advent Kerzenandachten ab. Ein Jahr später, am 1. Advent 1839, brachte er im Betsaal einen „schlichten, wagenradgroßen Holzleuchter an, den er mit Kerzen für jeden einzelnen Tag der Adventszeit bestückte ..." Das war der erste Adventskranz. Wicherns Tagebucheintrag: „... Das ist ein Sonntag ... Nach der Kirche beim ersten Mittagsläuten eilt alles herbei zur Adventsandacht. Im Betsaal ist es

Dicke weiße Kerzen für die Sonntage, kleinere rote für die Tage dazwischen: So schmückt das „Rauhe Haus“ in Hamburg heute den Adventskranz – zur Erinnerung an Johann Hinrich Wichern (rechts, Lithografie von Otto Speckter, 1858), der als Erster die Idee mit dem Adventskranz hatte.

Frühling geworden, und von den grün geschmückten Wänden wittert es uns entgegen, wie Weihnachtsahnung aus dem Tannenwald. Aber was gucken die Knaben- und Mädchenaugen so lustig zum Kronleuchter empor? Oh, was sie da sehn, kennen sie wohl. Es ist nichts als ein einfacher Kranz, den der Kronleuchter auf seinen Armen trägt, und auf dem Kranze brennt das erste Licht, weil heute der erste Adventstag ist; und kommt ihr morgen, dann brennen schon zwei, und übermorgen drei, und jeden Tag eines mehr. Und je mehr Lichter brennen, desto näher rückt Weihnachten, und desto froher werden Knaben und Mädchen; und brennt der volle Kranz mit allen 24 Lichtern, dann ist er da, der heilige Christ in all’ seiner Herrlichkeit ...“

1851 kam Wichern dann auf die Idee, den Betsaal mit grünen Zweigen zu schmücken und auch den Lichterkranz grün zu umwinden. Der Kranz sollte so ein Symbol für den Kampf christlicher Menschen gegen das Dunkel des Lebens sein. Das zuwachsende

Licht in der Adventszeit führte auf den Heiligen Abend zu, auf die Christgeburt, auf das Licht, das in die Welt kam. Von Hamburg aus verbreitete sich diese Sitte im ganzen Norden, der Theologe Wichern selbst trug den Brauch nach Berlin und nach Pommern, und die Jugendbewegung ließ den Adventskranz dann zu einem festen Bestandteil der Vorweihnachtszeit in ganz Deutschland werden – allerdings mit nur noch vier Kerzen, für jeden Sonntag eine.

Für uns heute muss es nicht immer und nicht überall der grüne Kranz mit roten Kerzen und roten Schleifen sein. Viel Originelles denken sich die Floristen und die Bastelläden da aus. Doch das Licht, das das „Licht der Welt“ symbolisiert, das mit der Christgeburt auf die Erde kam, das bleibt das Wichtigste im Advent ...

Advent ist also eine Zeit der Erwartung. Aber gerade das Warten ist das Schlimmste für die Jüngsten. Nun hören und sehen sie doch schon so viel. Wann endlich ist Weihnachten? Der große Tag der Bescherung will und will nicht näher kommen. Da hilft es ein bisschen, wenn man die Tage zählen kann und an jedem Morgen eine kleine Überraschung bekommt aus einem der vielen schönen Advents- oder Weihnachtskalender. Tag um Tag werden da Türchen geöffnet und Bilder bestaunt, Schokoladenfiguren herausgehoben oder kleine Spielzeuge, es werden Kalender-CDs aufgelegt und Lieder und Gedichte gehört und gesungen, und täglich werden Geschichten erzählt. In der medialen Welt werden auch die Erwachsenen auf allerlei

Das verkürzt und versüßt die Wartezeit auf Weihnachten: ein lustiger Nikolaus als Adventskalender mit einem dicken Bauch mit 24 Taschen. Jeden Tag steckt da eine Überraschung drin.

Weise verwöhnt durch die tägliche kleine vorweihnachtliche Freude!
Warten war immer schon nicht so schön. So hatten religiöse Familien wohl in der Biedermeierzeit die Idee, Tag um Tag im Advent 24 fromme Bildchen aufzuhängen und Gebete zu sprechen. Sichtbar rückte der Heilige Abend so näher. Eine einfache Variante waren auch Striche an der Wand, die nach und nach abgewischt wurden. Sicher sind auch immer schon mal Kalender für Kinder gebastelt worden. 1902 brachte die Evangelische Buchhandlung in Hamburg als Erste eine gedruckte Weihnachtsuhr für Kinder heraus – wunderschön gestaltet mit Textanfängen von Weihnachtsliedern und einer schwebenden Engelschar, mittendrin ein leuchtender Weihnachtsbaum. Diese Kalenderuhr dauerte vom 13. bis zum 24. Dezember, vom Luciatag (einem früheren Neujahrsdatum) bis zum Heiligen Abend. Aber dann kam Georg Lang, Inhaber einer Lithographischen Kunstanstalt in München, der 1908 den ersten 24-teiligen, noch fensterlosen Adventskalender auf den Markt brachte – Georg Lang war geprägt durch eigene Kindheitserlebnisse mit einer erfindungsreichen, bastelfreudigen Mutter, die dem kleinen Sohn die Wartezeit liebevoll verkürzt hatte. So gab es nun den „Münchener Weihnachts-Kalender“, der ab 1920 auch kleine Türchen und wenig später schokoladige Überraschungen enthielt. Der Anfang war gemacht und fand viele Nachahmer. Nach den Kriegsjahren erschien schon 1946 wieder ein Adventskalender – eine große Freude in den schweren Zeiten. Heute

Mit viel Fantasie entstehen immer neue Ideen: Dieser Adventskalender kommt als bunter Laster daher, mit vielen Schubladen für die täglichen kleinen Gaben.

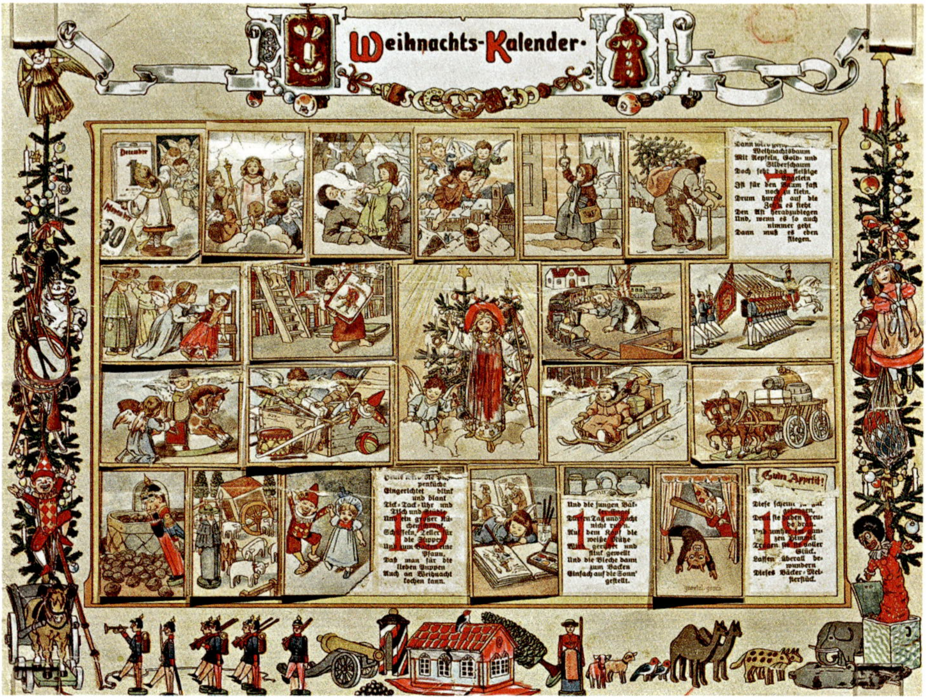

Da gibt es viel zu entdecken: Um 1910 brachte der Lithograf Georg Lang diesen „Münchener Weihnachtskalender“ heraus, bei dem an jedem Tag aus einem Beibogen ein Bildchen ausgeschnitten und auf den Kalender geklebt wurde. Zuvor gab's immer einen Vers zu lesen.

sind der Fantasie und den Möglichkeiten keine Grenzen gesetzt, von der einfachsten Bastelei bis zu luxuriösen Geschenke-Serien finden sich weltweit vorweihnachtliche Kalender.

Im Husumer „Weihnachtshaus“, im Altonaer Museum, im „Volkskunde Museum Schleswig“ und in vielen anderen Museen und Weihnachtsausstellungen sind prachtvolle Sammlungen der historischen Kalender zu bestaunen.

Eine herrlich sichtbare Idee hat sich in den letzten Jahren entwickelt: Repräsentative Gebäude werden als übergroße „Kalender“ gestaltet – wie beispielsweise das ansehnliche

Packhaus am Hafen im nordfriesischen Tönning, das sich als historisches Gebäude mit seinen Fenstern und Toren besonders gut eignet. Es hat als „längster Weihnachtskalender der Welt“ sogar den Sprung in das Guinness-Buch der Rekorde geschafft und öffnet sich alljährlich für einen großen Weihnachtsmarkt. Auch „lebende Adventskalender“ sind entstanden – es sind Dörfer und städtische Quartiere, in denen der Advent von Haus zu Haus getragen wird, also an jedem neuen Tag einen neuen Treffpunkt mit adventlichem Beisammensein schafft und so für wunderbare Weihnachtsstimmung sorgt. Am 24.12. trifft man sich vor einer Kirchentür, dann ist der Kreis geschlossen.

Schön ist es, dass sich Bräuche aus allen Ländern und Religionen der Welt in Norddeutschland verbreitet haben. So gehören zum Schmuck in der Adventszeit längst auch vielstielige Mistelzweige mit weißlichen Beeren, an roten Bändern aufgehängt – ein Brauch aus dem angelsächsischen Raum. Verliebte hängen sie im Haus unter einen Durchgang, auch frei schwebend an die Decke – und warten auf den rechten Moment, da sie nicht alleine darunter stehen. Denn unter dem Mistelzweig küsst sich, wer sich liebt. So erhofft und wünscht man sich langes Liebesglück und eine glückliche Kinderschar.

Die Mistel ist ein immergrünes Sandelholzgewächs, das sich bei uns im Norden meist im Zweigwerk und an den Stämmen großer Bäume verwurzelt und dicht ausbreitet. Gespensterrute, Hexenbesen und Donnerbesen

Ein – wenn man dran glaubt – zauberkräftiger Mistelzweig. Aus dem Weihnachtsschmuck ist er nicht mehr wegzudenken. Küssen ist erlaubt (oder gar erwünscht), wenn man sich darunter begegnet ...

nennt man sie im Holsteinischen und in Mecklenburg. Man schützt auch die Haustüren und damit das Heim vor Blitz und Donnerschlag und allem Bösen, indem man Mistelzweige aufhängt. Denn dort, wo die Spökenkieker zu Hause sind, die Menschen mit dem „zweiten Gesicht", die behaupten, in die Zukunft sehen zu können, dort hat man die Schmarotzerpflanze mit Legenden und abergläubischem Brauchtum verwoben. Viel geht es da um die Mythologie der Gallier und Druiden, um die Mythologie der Germanen und um alte Götterlegenden – es geht um Schutz vor Tod und Teufel, aber auch um viel Zauberei, um Heilkraft, um Liebe und Leben. Man trug in Silber gefasste Mistelperlen sogar um den Hals. Man sagt auch, dass die Mistel für Christen ein Symbol des Friedens sei, weil das Kreuz Christi aus dem Holz eines Mistelbaumes geschnitten wurde.

Seit den ersten Postkartenzeiten sehen wir das immergrüne Zweiglein auch auf historischen bunten Bildern, und wer englische und amerikanische Liebesromane liest, kommt an der Zauberpflanze nicht vorbei. Cliff Richard hat uns einen „Mistletoe"-Schlager beschert. Viel beeindruckender jedoch: Misteln gehören in den Zaubertrank des Druiden Miraculix in den Asterix-Comics. Er macht die Gallier stark! Schließlich ist die Mistel in der Heilkunst von alters her als Allheilmittel bedeutsam – es ist einfach eine magische Pflanze!

Einen Adventskranz selber binden

Material
- Tannenzweige, 10–15 cm lang zugeschnitten
- Thuja-Zweige
- Adventskranz-Rohling, grün ummantelt (sicherer als Strohkränze, wenn nichts rausgucken soll)
- Blumendraht
- 4 Kerzen
- Deko nach Wunsch

Blumendraht am Adventskranz-Rohling festzwirbeln. Jeweils ein Sträußchen Tannenzweige und Thuja zusammensuchen, auf den Kranz legen und so anordnen, dass es den Kranz außen, oben und innen verdeckt. Dann zwei- bis dreimal Blumendraht um den Adventskranz samt Sträußchen-Unterteil binden.
Dann das nächste Sträußchen so überlappend auf den Kranz packen, dass es den Draht vom vorherigen verdeckt, festdrahten. So rund um den ganzen Adventskranz weiterarbeiten.
Am Ende muss man etwas aufpassen, weil das letzte Tannenzweige-Sträußchen unter den Auslegern des ersten auf dem Adventskranz festgebunden werden muss, damit nachher nichts rausschaut.
Solange man den Adventskranz nicht aufhängen will, ist es unnötig, ihn auch von unten mit Tannengrün zu umwickeln. So steht er dann auch gerade auf dem Tisch.
Zur Befestigung auf dem Adventskranz die Kerzen mit einem etwas dickeren Draht unten versehen. Lässt sich sehr einfach in die Kerzen einbohren (ggf. 2–3 Drähte pro Kerze, damit sie wirklich gerade feststecken). Das überstehende Stück Draht wird in den Adventskranz gesteckt, und die Kerzen stehen. Den Kranz nach Wunsch dekorieren.

Festliche Einstimmung, die Weihnachtsmärkte

Lifestyle-Märkte und Ambiente-Messen gibt es das ganze Jahr hindurch, besonders in den Oster- und Sommertagen. Gutsanlagen auf dem Lande und historische Innenstädte haben sich darauf spezialisiert. Am schönsten aber sind die Weihnachtsmärkte. Nichts gleicht ihnen. Der Duft von Schmalzkuchen, Honigkerzen und Weihnachtspunsch hängt in der Luft, Weihnachtslieder und -glöckchen erklingen, Lichterglanz erstrahlt über bunten Budenstädten und viel Jauchzen ist zu hören. Weihnachtsmärkte machen weihnachtsselig. Wenn es vor Kälte knistert, wenn schon Schnee liegt und die Welt in ein romantisches Wintermärchen verwandelt, dann bringen Märkte mit ihrem Glitzern und Glänzen, mit Mandeln und Maronen, dampfendem Punsch und Glühwein Jung und Alt in Stimmung (Rezepte siehe ab Seite 140). Auf den großen städtischen Märkten gehören auch Fahrgeschäfte dazu, Karussells für die Kleinsten, Riesenrad und wildes Wellenreiten für die Großen.

Das wärmt in der Kälte und bringt Weihnachtsstimmung: ein würziger Tee mit einer Zimtstange und einer Scheibe Zitrone.

Kunst und Kirche und Kommerz gehen eine meist gelungene Mischung ein bei den Märkten und Basaren, die sich in Domen und Kirchen, auf Gutshöfen und Schlössern, in historischen Bauten und auf städtischen Marktplätzen ausbreiten und Tausende von Besuchern anlocken. Auf Basthorst und Wotersen, auf dem Schloss zu Dornum und auf dem Stockseehof, auf Gut Brook und am Kiekeberg – jeder Markt hat seinen eigenen Stil. Lange Tradition hat der Schwahlmarkt im

Schleswiger Dom, auch die Weihnachtsausstellung im Lübecker Heiligen-Geist-Hospital, der Christkindlmarkt in Himmelpforten samt Postamt des Weihnachtsmannes ist altbewährt, so auch die behagliche Stimmung auf dem historischen Schröers-Hof im Schnuckendorf Neuenkirchen. „As to Omas Tiden“ (wie zu Omas Zeiten) fühlt man sich dort. Auf den städtischen Märkten von Bremen, Hamburg und Lübeck, in Güstrow, Wismar und Osnabrück herrscht ein ebenso ausgelassenes Treiben wie in der originellen Werkstatt der Engel am Eutiner Schloss und bei „Fischers Wiehnachten“ am Niendorfer

Eine herrliche Einstimmung zum Fest: der schöne Weihnachtsmarkt im glanzvoll geschmückten Heiligen-Geist-Hospital in Lübeck. Rund 150 Kunsthandwerker aus aller Welt präsentieren ihre Werkstücke in der gotischen Kirchenhalle, im mittelalterlichen Gewölbekeller und in den „Kabäuschen“ des Langhauses.

Der Bremer Weihnachtsmarkt: 30 Tage Vorfreude auf das Fest! Zwischen Rathaus und Stadtmusikanten, Roland und Schütting wartet das Weihnachtsdorf mit Buden und Karussells, mit Weihnachtsmann und Turmbläsern und einem riesigen Lichterbaum.

Himmelpforten in Niedersachsen wird alle Jahre wieder zum Christkinddorf. Seit den 1960er-Jahren kommen aus der ganzen Welt Kinderwünsche per Post an den Weihnachtsmann im Postamt Himmelpforten an.

Hafen. Man kann sie gar nicht alle aufzählen.

Der älteste deutsche Weihnachtsmarkt wurde wohl 1434 in Dresden abgehalten, der Striezelmarkt (Striezel = Stollen), der seinen Namen dem Vorgänger des berühmten Dresdner Stollens verdankt und auch heute noch ein Spezialitätenmarkt ist. Zunehmend breiteten sich in den letzten Jahrhunderten in den Städten zur Winter- und Weihnachtszeit in Kirchen- und Marktnähe Handwerkerstände und -buden aus mit Spielzeug und Zierfiguren, Papierschmuck, Backwaren und Leckereien jener Zeiten – Apfel, Nuss und Mandelkern, Rosinenmänner und Pflaumenkerle, Johannisbrot und ganz viel Schmalzgebackenes. Der Drehorgelmann spielte dazu, die Gaukler tanzten ...

Ohnegleichen war und ist der Hamburger Dom. Schon 1329, so die alten Quellen, hat es an der zentral gelegenen Domkirche der Hansestadt Markt und Handel gegeben. Im 17. Jahrhundert, so weiß man, wurden Tag um Tag Waren aus dem Umland angeboten –

Eine besonders festliche Weihnachtsstimmung entsteht im Schleswiger Dom St. Petri – hier werden gerade die Kerzen auf dem Altar angezündet. Beim adventlichen „Schwahlmarkt" im Kreuzgang aus dem 14. Jahrhundert („Schwahl" = kühler, überdachter Gang) wird vielfältigstes Kunsthandwerk zum Verkauf angeboten. Der Erlös dient der Erhaltung und Sicherung der wertvollen alten Kunstschätze und Glaubenszeugnisse im Schleswiger Dom.

so, wie wir heute Wochenmärkte kennen. Es gab allerlei Handwerk, auch einen Bücher-, Möbel- und Kleidermarkt. Die Jahresfeste und besondere Anlässe ließen dann mit der Zeit feste Märkte entstehen. So auch den Christmarkt, der irgendwann nur noch „Dom" hieß und sich nach der Reformation sogar weit in die Kirche hinein ausbreitete. Ein großartiger, viel beschriebener Budenzauber mit allen Herrlichkeiten und Köstlichkeiten, die man sich zur Winter- und Weihnachtszeit wünschen konnte! Kuchen- und Zuckerbuden gab es in großer Zahl, Puppenmacher lieferten die Hamburger Dompoppen, Spielzeugmacher Pferd und Wagen und was das Kinderherz begehrte. Sogar Spielleute fanden Platz vor der Domkirche, viel Gutes gab es auch für hungrige und durstige Gaumen. Nach dem Abriss der Domkirche Anfang des 19. Jahrhunderts wanderte der „Dom" auf den Gänsemarkt. Dort weitete er sich in alle anliegenden Straßen und Gassen hin aus und siedelte Jahr um Jahr mehr Verkaufsbuden an. Dazu kamen

Auf dem Hamburger Rathausmarkt wird alle Jahre wieder der von Roncalli-Direktor Bernhard Paul konzipierte historische Weihnachtsmarkt aufgebaut – mit viel Kunst und Kunsthandwerk, Nascherei und Glühwein, dem prächtigen Weihnachtsmann und einem imposanten Christbaum.

„lustige Gesellen" und seltsame Sehenswürdigkeiten – vom Floh-Professor bis zum Menschenfresser, von der Albino-Dame und dem Riesen bis zum Affentheater und den Zwergen. Das alles ist mit größtem Vergnügen nachzulesen in den Lebenserinnerungen vieler Hamburger. Mitte des 19. Jahrhunderts entstanden daneben in Hamburg eine ganze Reihe von Weihnachtsbasaren in großen Hallen und Sälen. Sie machten, erweitert um Künstlervorstellungen und Theaterspiele, dem längst zum Jahrmarkt gewordenen Dom arge Konkurrenz. 1880 wurde der Straßendom auf dem Gänsemarkt zum letzten Mal abgehalten. Er wanderte dann zum Großneumarkt und eroberte schließlich 1892 das ganze große Heiligengeistfeld. Dort gibt es seither im Jahresrund mehrere Jahrmärkte, die alle „Dom" genannt werden und sehr beliebt sind. Die Weihnachtsmärkte in den vielen Stadtteilen Hamburgs – auf dem Rathausmarkt und natürlich auch wieder auf dem Gänsemarkt, außerdem in den großen Museen – sind hingegen stimmungsvolle Christmärkte geblieben.

Der Hamburger Dom

von Garlieb Merkel (1769–1850)

Gegen Weihnacht werden die alten Domhöhlen mit einemmale glänzend, und das Leben zieht emsig und lärmend in diese Behausung der Toten ein. Auch in Hamburg nämlich, wie in den meisten lutherischen Städten des nördlichen Deutschlands herrscht der Gebrauch, das Weihnachtsfest durch einen sogenannten Christmarkt zu feiern. Acht

Tage vorher schlagen sich die Zuckerbäcker, die Galanteriehändler und andere in den Kreuzgängen, in der Haupt-Kapelle und in einem Teile des Doms selbst Bretterbuden auf und legen ihre Herrlichkeiten aus. Alle Laden sind, wie Sie schon vermuten werden, schön erleuchtet, aber sie nehmen so viel Raum in den schmalen Gängen ein, daß höchstens zwei Menschen nebeneinander hingehn können und etwa ein dritter am Tische stehen kann. An allen Ecken stellt man daher Wachen hin, die darauf sehen müssen, daß die Kommenden auf der einen, die Gehenden auf der andern Seite hintereinander hinwandeln. In den ersten Abendstunden des Tages vor dem Feste schickt man die Kinder hierher; auch die jungen Mädchen mit ihren Freundinnen, die jungen Weiber mit ihren Cicisbeen, alle, die nur nicht zu vornehm oder zu weise sind, sich zu freuen, stellen sich nacheinander hier ein, und werden vom Taumel der Freude ergriffen. Man neckt, man lacht, man schreit, man beschenkt einander – das gebräuchlichste Geschenk, sagt man, das Ehemänner an diesem Tage der Freude von ihren jungen Weibern empfingen, sei ein solches, das man ihnen verberge. Von hieraus ergießt sich der Strom des freudigen Lärmens durch alle Gassen der Stadt; man drängt sich in den Weinkeller des Rats, in die Restaurations, in die Läden der Confituriers usw.

Hamburger Weihnachtsbuch, hrsg. von Eckart Kleßmann, Ellert & Richter Verlag, Hamburg 2007, S. 62

Die große Halle der alten Hamburger Domkirche mit ihren hohen, beeindruckenden Gewölben wurde in den Weihnachtstagen – so lesen wir in überlieferten Texten – zum allseits beliebten Weihnachts- oder Christmarkt. Auch im restlichen Jahr handelte man hier – bis zum Abriss des Gotteshauses Anfang des 19. Jahrhunderts. Inzwischen wird der „Hamburger Dom“ dreimal jährlich auf dem Heiligengeistfeld gefeiert.

Wunder der blühenden Zweige, der Barbaratag (4.12.)

Wie ist es schön, wenn mitten im Winter Zweige blühen – gelbe Forsythien, weiße Kirsch-, rosa Apfelblüten ... Das sind dann Barbarazweige! Hast du schon Barbarazweige geschnitten? Anfang Dezember ist das alle Jahre wieder eine Frage unter Freunden. Kahle Zweige werden mitten im Winter geschnitten und über Nacht in warmes Wasser gelegt. Dann stellt man sie in einen gut gefüllten Wasserkrug und wartet. Wie durch ein Wunder erblühen diese Zweige zur Weihnacht. Sie bringen Gedanken an den Frühling mit sich und Hoffnung auf ein neues blühendes und gutes Jahr. Auf neues Leben. Natürlich versteckt sich in diesem überlieferten Brauch auch ein alter Fruchtbarkeitszauber: Das neue Jahr soll und muss blühen, wachsen und gedeihen. Wer sich in Liebesorakeln auskennt, der spielt auch mit dem Blühen der Zweige – und sogar zum „Pitschen" und „Pfeffern" eignen sich diese Winterblüher – also für den Brauch, die Eltern und die Liebsten mit Zweigen zu streichen und zu wecken, ganz besonders am 28. Dezember, dem „Pfeffertag".

Der 4. Dezember erinnert an die heilige Barbara. Im 4. Jahrhundert ließ sich die schöne, scharfsinnige junge Frau, Tochter des reichen Dioskuros von Nikodemia, nach intensiven Studien taufen. Der heidnische Vater bestrafte und folterte sie daraufhin und sperrte sie in einen Turm, als sie sich gegen

die Heirat mit einem „Gottlosen“ wehrte und standhaft das Christentum verteidigte. Engel, so eine Reihe von Legenden, sorgten immer wieder für eine Heilung nach allen Geißelungen. Ein verdorrter Kirschbaumzweig, den Barbara in ihrem Verlies mit wenigen Wassertropfen zum Blühen brachte, wurde ihr zum Symbol für das ewige Leben, das sie als Gläubige nach ihrem eigenen Tod erwartete. Der unversöhnliche, grausame Vater griff schließlich selbst zum Schwert und enthauptete seine Tochter. Ein Blitz erschlug ihn daraufhin.
So wird die heiliggesprochene Barbara auch im Norden zum Schutz gegen Blitz und Donner und gegen Feuersmächte angerufen, aber auch gegen andere Schrecknisse und Krankheiten. Als einer der vierzehn Nothelfer (s. S. 54) erbittet man von ihr Schutz vor jähem Tod und Beistand bei Sterbenden.
Am 4. Dezember legt man auch ein Adonisgärtlein an, also Tellersaat. Man gibt Getreidekörner (Weizen oder Gerste) mit warmem Wasser auf einen flachen Teller und lässt sie auskeimen. Das dichte winterliche Grün (das ewige Leben), das man dann zu Weihnachten mit einem Licht (Christus ist das Licht der Welt) und einem roten Band schmückt (das Blut, das vergossen wurde), ist ein Zeichen von Optimismus und auch eine Erinnerung an die heilige Barbara.

Apfelblüten zur Weihnacht – die blühenden Barbarazweige sind eine Freude und ein wunderschönes Symbol.

Spiele – eine Freude für Jung und Alt

Spiele und Spielzeug gehören zu Weihnachten. Endlich haben alle viel freie Zeit. In den Dörfern traf man sich früher in großer Runde und spielte traditionelle Würfel- und Knobelspiele. In den Familien hatte man auch ganz bestimmte Lieblingsspiele, die mit mehreren Generationen zusammen funktionierten. Manches ist bis heute so geblieben.

So ist es beispielsweise Tradition in Ostfriesland: Am 5. Dezember, am Abend vor Nikolaus, trifft man sich zur „Verknobelung“. Jung und Alt kommen zusammen in Gaststätten und Vereinshäusern und würfeln miteinander. Man zahlt einen Einsatz und spielt in Gruppen. Dann geht es im wahrsten Sinne um die Wurst. Mit drei Würfeln im Lederbecher wird reihum um die höchste Augenzahl „gekämpft“, der Sieger bekommt Mettwürste, Geflügel, Weinflaschen, Torten und viele andere Naturalien – den Einfällen der Veranstalter sind keine Grenzen gesetzt. Es ist ein landesweiter feuchtfröhlicher Spaß, den sich kaum ein Knobelfreund entgehen lässt. Holländische Seefahrer sollen den Brauch vor mehr als 100 Jahren nach Ostfriesland gebracht haben.

Herman Fornaschon berichtet 1910 aus Mecklenburg-Vorpommern: „... Die Kinder stehen oder sitzen kniend auf der Bank und den Brettstühlen um einen langen Krugtisch und würfeln. Es wird ein Dreiling oder Pfennig aufs Spiel gesetzt, und wer die meisten Punkte hat, gewinnt die Puppen. Wie glitzern und funkeln da die Augen in dem vor Hitze puterroten Antlitz! Hatten die Kleinen ihr Geld in Pepernaet un Wiehnachtspoppen umgesetzt, so packten sie alles in die Schürze oder steckten in die Taschen, was noch heil geblieben, und polterten dann singend und flötend nach Hause." Puppen oder Püppchen, auch niederdeutsch Poppen und Wiehnachtspoppen nennt man von alters her das Figurengebäck, das im Winter gebacken wird (Rezept siehe Seite 40). Pepernaet sind Pfeffernüsse, weiß oder braun, meist ganz kleine, harte Halbkugeln oder minikleine Quadrate aus Pfefferkuchenteig, die man gut in der Hand behalten kann (Rezepte siehe Seite 35, 37 und 42).

In den Weihnachtstagen trafen sich die jungen Leute im Norden – losgelöst vom sonst so harten Tagewerk – gerne in der „Julstuuf" und zum „Julen und Jorten". Im Norden mischen sich heute noch dänische, friesische und niederdeutsche Worte mit dem Hochdeutschen. Die Julstuuf ist die Weihnachtsstube oder der weihnachtlich geschmückte Saal, eine Jort, Jört, Jott, Jutt, Jütt ist ein fröhliches Treffen. „Julen und Jorten" heißt eben auf fröhliche Art Weihnachten feiern beim Beisammensein. In der Weihnachtsstube saß man bei Stuten, braunen Kuchen, Pfeffernüssen und Punsch oder Julbier und spielte die altbekannten Spiele – Fief-uut um'n Stut, Trekort oder Femkort hießen die Kartenspiele, auch Pott fünfzehn oder Karo Fipp, Bruus oder Racker. Die regional typischen Namen verraten die Zahl der Karten oder die zu erzielenden Ergebnisse, Abzählreime ha-

Man spielte auch bei Hofe: kostbares historisches Spielzeug aus dem Pommerschen Kunstschrank, entstanden 1617 bis 1622 für Herzog Philipp II. von Pommern. Der Trichter und die Spielwürfel sind aus Silber, teilweise vergoldet, emailliert und graviert.

ben überlieferte Formen. Auch das Pochbrett stand auf dem Tisch, und im nördlichen Angeln freute man sich beim Zahlenspiel „Nutt, Putt, Jippsteert, gele Peerd, Kattensteert" (übersetzt etwa „Nuss, Pott, Wackelschwanz, gelbes Pferd, Katzenschwanz"). Der Einsatz bei einigen dieser traditionellen Spiele waren die kleinen, harten Pfeffernüsse. Je nach Region wurden ganz spezielle Rezepte gebacken wie die Wrümlinge (würfelige Pfeffernüsse), die Muusbäkke-Nödder (winzig kleine Pfeffernüsse, die wie Mäusedreck aussehen) und Klöternööt oder Kliefklacker, die so schön in der Dose klappern. Es gab auch Peperkringel und viele ausgestochene Plätzchen aus Pfefferkuchenteig. Um alle wurde gespielt, sie galten als Taler oder Spielgeld.

Es versteht sich: die „Alten" bedauern, dass diese regionalen Worte und Bräuche immer mehr verloren gehen. Denn nur wenige kennen die traditionellen Spiele noch. Aber miteinander spielen – das mögen alle auch heute noch. Es gibt ja jedes Jahr wieder großartige neue Spiele zu kaufen!

Das traditionelle Spiel „Pingel"

Edda Hansen, auf der Schleswigschen Geest geboren, berichtet von einem einfachen Spiel mit Pfeffernüssen. Mehr brauchte man nicht – einfach nur kleine Pfeffernüsse. Selbstgebackene. So was kaufte man nicht. Sie wurden von der Mutter auf dem Blech gebacken und mit dem Messer in winzig kleine Quadrate geschnitten, die beim Backen hoch

aufgingen. Wie kleine Klötzchen. Diese „Pingel“ gaben dem Spiel den Namen. Sie „pingelten“, klapperten also in der Blechbüchse, in der sie als Spielgeld in diesen Winterwochen aufbewahrt wurden. Essen konnte man sie ja wirklich nicht mehr ...
Edda Hansen: Die Pingel waren am Ende eines Spiels schon ganz blank, die Hände fettig – die konnte man nicht mehr essen. Zum Futtern gab es ja immer eine Nasch-Portion extra.

Spielanleitung „Muus“

Das ist ein Spiel zur Weihnachtszeit mit Nüssen, sonst mit Bohnen. Die Kinder sitzen um den Tisch, auf dem in der Mitte eine beliebige Anzahl Nüsse liegt. Ein Kind hält die Augen zu, während die Mutter eine Nuss mit dem Finger berührt. Das ist die Maus (Muus). Nun darf das Kind die Augen öffnen und eine Nuss nach der anderen an sich nehmen, zu sich herraken. Wenn es die „Maus“ anfasst, rufen alle Mitspieler „Muus!“. Nun darf das nächste Kind die Augen zuhalten, und die Mutter bezeichnet eine andere Nuss als Maus. Und auch das zweite Kind holt sich die Nüsse, bis es die „Maus“ berührt. Das Spiel ist zu Ende, wenn alle Kinder sich Nüsse geholt haben. Den Rest steckt die Mutter wieder in den Beutel, und die Kinder dürfen ihre Beute aufknacken.

aus: Die Welt der niederdeutschen Kinderspiele, hrsg. von Alfred Cammann, 1970, S. 149

So geht das Pingelspiel

Zwei Spieler setzen oder stellen sich gegenüber, sie haben jeder ein Schüsselchen mit 30 bis 50 kleinen Pfeffernüssen. Der erste nimmt (nicht sichtbar) eine Anzahl von „Spielsteinen“ in die Hand. Die volle Faust wird ausgestreckt, der Spieler sagt eine Zahl. Der zweite Spieler glaubt der Angabe oder nicht. Sagt also Ja oder Nein. Die Faust wird geöffnet – wenn die angegebene Zahl stimmt und damit auch das Ja, dann behält Spieler Nummer eins seine Pfeffernüsse und bekommt vom Gegner dieselbe Zahl noch dazu. Das Spiel geht mit ihm weiter. Stimmt die angegebene Zahl nicht, hat der zweite Spieler Nein gesagt, dann bekommt er die Pfeffernüsse aus der Hand und ist als Nächster dran. Das heißt, wer beim Schummeln erwischt wird, muss seine Pingel abgeben. So geht das Spiel – meist unter großem Gelächter – weiter. „De Pingel de klingeln“, so heißt es, man hört sie ja in der Dose noch klappern. Klöternööt wurden sie früher auch genannt, Klappernüsse. Man spielt, bis einer keine Pfeffernüsse mehr hat. Aus diesem einfachen Spiel zu zweit wurde in größerer Runde auch ein Spiel mit mehreren. Die Regeln wurden einfach angepasst.

Nikolaus (6.12.) und Weihnachtsmann

Wer glaubt noch an den Weihnachtsmann – schließlich gibt es doch ganz viele von diesen freundlichen Männern im langen roten Kapuzenmantel mit dichtem weißen Rauschebart! Den Sack und einen Stab oder eine Rute haben sie immer dabei, wenn sie in den Straßen und Geschäften, auf Festen und Feiern schon ab Herbst für Weihnachtsstimmung sorgen. Einige sind sogar noch viel früher unterwegs, mit oder ohne Rentierschlitten. Denn seit Jahren treffen sich rund 150 Zipfelmützen aus aller Welt, von allen Kontinenten und daher auch in allen Hautfarben zur Weihnachtsmänner-Konferenz in Dänemark. Es gibt in so mancher Weihnachtsstadt auch Weihnachtsmann-Meisterschaften, und längst gehören emanzipierte Weihnachtsfrauen dazu, mit Mantel und Mütze und Sack – ohne Bart, versteht sich. Es ist eine fröhliche Schar mit wichtigen Themen aus aller Welt, da ja schließlich viele verschiedene Weihnachtsdaten rund um den Erdball gefeiert werden und überall andere nationale und regionale Sitten herrschen. Klar, dass die Gabenbringer auch ganz unterschiedliche Namen tragen. Weihnachtsmann ist also nicht gleich Weihnachtsmann!

Der heilige St. Nikolaus auf einer russischen Ikone des 19. Jahrhunderts – sowohl in der Ost- als auch in der Westkirche wurde der einstige Bischof von Myra als Heiliger hoch verehrt. Er ist Schutzpatron vor allem für Kinder und Seefahrer, aber auch für viele andere Berufe und Gruppen.

Den Ursprung aber haben sie alle gemeinsam: Es war der besonders wundertätige Bischof Nikolaus von Myra in Kleinasien. Er lebte im 4. Jahrhundert zur Zeit der Christenverfolgung und starb an einem 6. Dezember. Viele Legenden erzählt man sich über ihn und mischt auch Legenden eines zweiten Nikolaus hinein, der im 6. Jahrhundert Bischof von Pinara war. Mit der Zeit aber wurde der Nikolaus von Myra zu einem der bedeutendsten Heiligen der Kirche und zum beliebten Schutzpatron von Nationen, Berufen und Kindern. Insbesondere die Seefahrer riefen ihn an – so tragen weltweit viele Kirchen in Küstenstädten den Namen des heiligen Nikolaus. Kinder wurden nach ihm benannt – auch ein Klaus und ein Klaas, Nico, Nicole und Nicola, selbst Kolja und Colin leiten sich ja vom Nikolaus ab. Viel Brauchtum entwickelte sich aus den Legenden. So rettete der Bischof von Myra Kinder vor Tod und Verschleppung und wurde immer wieder zum Wohltäter der Kleinen – also machte die Kirche ihn zum Schutzpatron der Kinder. Auch die Befragung der Jüngsten am Weihnachtsabend, ob sie denn brav und artig gewesen seien, hat eine Legende zum Ursprung. Um zu zeigen, wie fleißig sie sind, „müssen" die Kleinen immer auch Gedichte lernen und dem Weihnachtsmann vortragen, wie zum Beispiel das volksmundliche:

Lieber guter Weihnachtsmann,
schau mich nicht so böse an,
stecke deine Rute ein,
ich will auch immer artig sein.

Auch die Sitte, Strümpfe oder Stiefel in der Nacht zum 6. Dezember durch den Nikolaus füllen zu lassen, wird mit einer schönen Geschichte begründet. Da hatte der gütige Kirchenmann drei arme Schwestern in seiner

So will es die Legende, so ist es Brauch geworden: Nikolaus füllt die Stiefel mit Apfel, Nuss und Mandelkern. Gerne hängen die Kinder am Abend des 5. Dezember große Filzstiefel auf oder stellen Schuhe vor die Tür, um am Nikolaustag, dem 6. Dezember, die schönen Gaben im Schuh zu entdecken.

Er soll wohl artige Kinder bescheren: Dieser heilige St. Nikolaus, der wie ein Bischof mit Krummstab und Bischofsmütze daherkommt, schleppt einen ganz schön großen Sack mit Geschenken herbei (Lithografie nach einer Zeichnung von Berthold Löffler, 1902).

Gemeinde vor einer notvollen Zukunft gerettet, indem er ihnen bei Nacht viel Gold und Silber in ihre aufgehängten Strümpfe gelegt hatte. Nun hatten sie eine Mitgift und konnten heiraten, glücklich wurden sie wohl auch. So – sagt man – kam es dazu, dass Kinder zum Nikolaustag ihre blank geputzten Stiefel rausstellen oder schön gestrickte Strümpfe ans Fensterkreuz, an die Türklinke oder an den Kamin hängen und auf Süßigkeiten und kleine Gaben hoffen.
In manchen Ländern ist noch heute der Nikolaustag der Tag der Bescherung und so mancher der Nikoläuse war in früheren Zei-

Wer nicht artig ist, der kommt in den Sack – dieser Knecht Ruprecht straft die bösen Kinder, richtig zum Fürchten sieht der rauhe Bursche aus (Holzstich nach einer Zeichnung von Franz von Pocci, 1852).

ten auch der Gabenbringer. Den Reformatoren unter Martin Luther war die Heiligenverehrung samt Nikolaus-Brauchtum ein Graus. Sie verlegten die Bescherung auf den Christgeburtstag und ersetzten Nikolaus durch den Heiligen Christ, aus dem sich mit der Zeit ein unsichtbares, aber wirksames Christkind als wichtige Figur entwickelte. Nicht immer zur Freude der Menschen, die allüberall ihren gütigen Nikolaus liebten – und immer auch die strafenden Begleiter mit der Rute, den Knecht Ruprecht, den Ruklaas oder Rug'Klas, den Klingklaas, den poltrigen Krampus und Klasohm und den

Knecht Ruprecht

Von drauß' vom Walde komm ich her;
Ich muss euch sagen, es weihnachtet sehr!
Allüberall auf den Tannenspitzen
Sah ich goldene Lichtlein sitzen;
Und droben aus dem Himmelstor
Sah mit großen Augen das Christkind hervor,
Und wie ich so strolcht' durch den finstern Tann,
Da rief's mich mit heller Stimme an:
„Knecht Ruprecht", rief es, „alter Gesell,
Hebe die Beine und spute dich schnell!
Die Kerzen fangen zu brennen an,
Das Himmelstor ist aufgetan,
Alte und Junge sollen nun
Von der Jagd des Lebens einmal ruhn;
Und morgen flieg ich hinab zur Erden,
Denn es soll wieder Weihnachten werden!"
Ich sprach: „O lieber Herre Christ,
Meine Reise fast zu Ende ist;
Ich soll nur noch in diese Stadt,
Wo's eitel gute Kinder hat."–
„Hast denn das Säcklein auch bei dir?"
Ich sprach: „Das Säcklein, das ist hier:
Denn Apfel, Nuss und Mandelkern
Fressen fromme Kinder gern."–
„Hast denn die Rute auch bei dir?"
Ich sprach: „Die Rute, die ist hier;
Doch für die Kinder nur, die schlechten,
Die trifft sie auf den Teil, den rechten."
Christkindlein sprach: „So ist es recht;
So geh mit Gott, mein treuer Knecht!"
Von drauß' vom Walde komm ich her;
Ich muss euch sagen, es weihnachtet sehr!
Nun spreche, wie ich's hier innen find!
Sind's gute Kind, sind's böse Kind?

(Theodor Storm)

Vom Christkind

Denkt euch, ich habe das Christkind gesehen!
Es kam aus dem Walde, das Mützchen voll Schnee,
mit rotgefrorenem Näschen.
Die kleinen Hände taten ihm weh,
denn es trug einen Sack, der war gar schwer,
schleppte und polterte hinter ihm her.
Was drin war, möchtet ihr wissen?
Ihre Naseweise, ihr Schelmenpack –
denkt ihr, er wäre offen der Sack?
Zugebunden bis oben hin!
Doch war gewiss etwas Schönes drin!
Es roch so nach Äpfeln und Nüssen!

(Anna Ritter)

Bullkater fürchteten. Es gibt noch ein paar mehr von diesen rauhen Gesellen aus den sogenannten Raunächten, den Tagen „zwischen den Jahren", also zwischen Weihnachten und dem Tag der Heiligen Drei Könige (siehe Kapitel Aberglaube Seite 198). Auch Frauen gehören dazu, wie die Märchengestalt Frau Holle oder die Percht (und Perchta), die auch Frau Gode genannt wird, oder die Lutzelbraut – die schwarze Lucia (siehe Kapitel Lucia Seite 94). Sie alle sind Geistergestalten, die strafen und Furcht einflößen. In einsamen, entlegenen Gegenden hat es solchen Aberglauben immer gegeben. So bevölkerten also viele Nikoläuse und Christkinder die Weihnachtswochen! Lieder, Gedichte, Postkarten entstanden und viel dezemberlicher Zauber. Schließlich kamen die Amerikaner des 19. Jahrhunderts und bastelten sich aus allen europäischen Gestalten und mancher Tradition ihren eigenen Weihnachtsmann: Aus dem Sinterklaasfest der eingewanderten Niederländer wurde so der amerikanische Santa Claus. Der große Karikaturist Thomas Nast sorgte ab 1863 für immer neue Bilder. Es ist schwer zu glauben und doch nicht so falsch, dass ein kluger Werbegrafiker einer großen Getränkefirma dann eine tolle Marketingidee hatte und aus alten, heiligen Vorbildern, aus Kunstwerken und Volksbräuchen für die noch so junge Werbe-, Postkarten-, Lackbilder- und Schokoladenindustrie einen dickbäuchigen, weißbärtigen, rotgewandeten Santa Claus zauberte. Samt Weihnachtsmütze, Sack und Rentierschlitten. So jagte der alt-neue Weih-

Was für ein freundlicher Gabenbringer! Auf dem Werbeplakat aus dem Jahr 1905 marschiert ein gütiger Weihnachtsmann herbei, mit Bäumchen und vielen Geschenken. Sicher Honigkuchen vom Pfefferküchler und Hoflieferanten Hildebrand. Ein Packesel trägt die süße Last.

nachtsmann durch die Luft und über die Kontinente hinweg zurück nach Europa und wurde schließlich auch im deutschen Norden zum viel geliebten rotbemäntelten, bärtigen Weihnachtsmann. Handfest und greifbar und für Jung und Alt gut zu gebrauchen. Chronisten und Schriftsteller wie Theodor Storm, Hans Christian Andersen und Thomas Mann lehrten uns, den Weihnachtsmann zu lieben. Bei den Friesen im Norden, auf den Inseln und Halligen und auch im Festlandsbereich, wurde der unsichtbare Kinjees – auch Kuejees, Klinggeest und Kanjes genannt („Kindlein Jesus" und „Klingender Geist", wegen der Glöckchen) – zum Gabenbringer, also eine ähnliche Figur wie das niemals sichtbare Christkind, das beschert. Heute ist das Wort noch erhalten in dem friesischen Silvesterbrauch der verkleideten Kenkner (siehe S. 206).

In Skandinavien und in Teilen Mecklenburg-Vorpommerns liebt man indes den Julklapp, glaubt also, dass der Julbock (der „Weihnachts-Bock", den wir so gerne, aus Stroh geformt, aus Skandinavien kommend, als Schmuck aufstellen) heimlich am Haus vorbeizieht und die Geschenke ins Haus wirft. Mit einem Knall wirft er die Tür zu, sodass es „klappt". Besonders spannend wird es, wenn die Geschenke mehrfach eingepackt und dabei immer mit anderen Namen gekennzeichnet sind, sodass die Beschenkten das Paket mehrfach weitergeben müssen. Ein riesiger Spaß für größere Runden.

Julklapp

Julklapp gehört oft auch bei Gruppen und Vereinen zu Weihnachtsfeiern. Dann bringt jeder ein kleines eingepacktes Geschenk mit. Oft sind es Jux-Geschenke, der Wert wird vorher verabredet. Nummern werden auf die Geschenke geklebt. Jeder, der mitfeiert, zieht dann vor der Bescherung eine Nummer und bekommt so „sein" Päckchen. Auch da ist es besonders witzig, wenn das Geschenk mehrfach eingepackt ist – mit wechselnden Nummern also – und so erst einmal von Hand zu Hand geht.

Eine ganz besondere – christlich geprägte – Figur ist der „Kinderbischof", der am Nikolaustag in einigen Gegenden gewählt wird, beispielsweise in Hamburg bereits seit dem 14. Jahrhundert, später auch in Berlin und anderswo. Die Sitte hat sich bis heute gehalten. Schüler übernehmen da für eine Reihe von Tagen (bis zum 28. Dezember, dem „Tag der unschuldigen Kindlein" zum Gedenken an die von Herodes ermordeten Kinder und an die jung Verstorbenen, oder bis zum Dreikönigstag, dem 6. Januar) die fest geregelte Herrschaft über eine Region und kümmern sich um soziale und ethische Fragen, um die Gerechtigkeit in ihrer Welt, und sammeln für einen guten Zweck. Aus dem Mittelalter

stammt diese Sitte, entstanden an Kloster- und Stiftsschulen, wo Jugendliche durch den Rollentausch mit ihrem Abt oder Bischof für einen oder mehrere Tage nicht nur ihre Wünsche und Meinungen einbringen konnten, sondern auch Verständnis für die Aufgaben der Oberen gewannen. In Hamburg war es in früheren Zeiten für einen Schüler der Domschule eine ganz große Ehre, Kinderbischof zu werden oder wenigstens zu dem prunkvollen Gefolge zu gehören. Der Ritt, der öffentliche Umzug durch die Stadt in prachtvoller Verkleidung war für alle immer ein großes Erlebnis.
Und wer ist denn nun der wirklich „echte" Weihnachtsmann? Darüber wird immer wieder fröhlich gestritten. Nicht einmal auf der jährlichen Weltkonferenz der Weihnachtsmänner ist das bisher geklärt worden – behaupten die einen, Santa Claus lebe in Grönland, so protestieren andere. Am Polarkreis, bei den Lappen hause er, auf dem Ohrenberg, dem Korvatunturi. Im nahen finnischen Weihnachtsdorf und Santa-Park bei Rovaniemi hat der Weihnachtsmann schließlich seit langer, langer Zeit seine Werkstatt, seine Wichtel und natürlich ein Weihnachtspostamt für die Wunschzettel. Und einen ganz echten Rentierschlitten hat er auch für seine schnellen Reisen rund um die Welt ...

Lasst uns froh und munter sein

Lasst uns froh und munter sein
und uns recht von Herzen freun!
Lustig, lustig, traleralera!
Bald ist Nik'lausabend da,
bald ist Nik'lausabend da!

Dann stell' ich den Teller auf,
Nik'laus legt gewiss was drauf.
Lustig, lustig, traleralera!
Bald ist Nik'lausabend da,
bald ist Nik'lausabend da!

Wenn ich schlaf', dann träume ich:
Jetzt bringt Nik'laus was für mich.
Lustig, lustig, traleralera!
Bald ist Nik'lausabend da,
bald ist Nik'lausabend da!

Wenn ich aufgestanden bin,
lauf' ich schnell zum Teller hin.
Lustig, lustig, traleralera!
Bald ist Nik'lausabend da,
bald ist Nik'lausabend da!

Nik'laus ist ein guter Mann,
dem man nicht genug danken kann.
Lustig, lustig, traleralera!
Bald ist Nik'lausabend da,
bald ist Nik'lausabend da!

(Volksmund)

Luciatag (13.12.) – die Heilige des Lichts

Santa-Lucia-Lied

Schwedisch:
Natten går tunga fjät runt gård och stuva.
Kring jord som sol förlät, skuggorna ruva.
Då i vårt mörka hus, stiger med tända ljus,
Sankta Lucia, Sankta Lucia.

Natten var stor och stum. Nu hör, det svingar,
i alla tysta rum, sus som av vingar.
Se på vår tröskel står vitklädd, med ljus i hår,
Sankta Lucia, Sankta Lucia.

„Mörkret skall flykta snart ur jordens dalar."
Så hon ett underbart ord till oss talar.
Dagen skall åter gry, stiga ur rosig sky,
Sankta Lucia, Sankta Lucia.

Deutsch:
Schwer liegt die Finsternis auf unsren Gassen,
lang hat das Sonnenlicht uns schon verlassen.
Kerzenglanz strömt durchs Haus. Sie treibt das Dunkel aus:
Santa Lucia! Santa Lucia! Santa Lucia!

Groß war die Nacht und stumm. Hörst du's nun singen?
Wer rauscht ums Haus herum auf leisen Schwingen?
Schau, sie ist wunderbar, schneeweiß mit Licht im Haar:
Santa Lucia! Santa Lucia!

Nacht zieht den Schleier fort, wach wird die Erde,
damit das Zauberwort zuteil uns werde.
Nun steigt der Tag empor, rot aus dem Himmelstor:
Santa Lucia! Santa Lucia!

Luciatag – das ist der Tag der Lichterbringerin – was für eine schöne Sitte!
In einem bodenlangen weißen Kleid, ein rotes Seidenband um die Taille gebunden, den brennenden Kerzenkranz aus Preiselbeerzweigen auf dem Kopf – so schreitet sie durch den Raum: Lucia, die schwedische Lichterkönigin, die immer am 13. Dezember von Schweden übers Meer kommt. Junge, schöne Mädchen, ebenfalls weiß gewandet, begleiten sie und singen mit ihr zusammen die traditionellen Weisen der Lucia. Sie tragen Lichter in ihren Händen und bringen Gaben und gute Wünsche und eben das Licht. Denn darum geht es: Licht und Freude wird in die dunkle nordische Welt gebracht.
In Schweden ist das ein ganz großes Fest. Dabei ist es seit jeher Sitte, dass die älteste Tochter am Luciatag morgens vor Sonnenaufgang durchs Haus zieht und die ganze Familie mit ihrem Gesang und dem Licht weckt und das Frühstück ans Bett bringt. Da isst man dann safrangewürzte Luciabrötchen, die „Lussekatter", und Pfefferkuchen. Luciafeste finden den ganzen Tag hindurch statt, auch in den Kindergärten und Schulen. Bei den großen Prozessionen in Schweden folgen den Lichtermädchen auch Jungen und Mädchen, die als Sternenknaben und Pfefferkuchenmännchen verkleidet sind. Das ganze Luciafest ist ein Hoffnungszeichen in den dunklen Wintertagen im Norden.
Der 13. Dezember, der Luciatag, ehrt die heilige Lucia aus Syrakus in Italien. Ein sehr al-

Ursprünglich war sie eine sizilianische Heilige – Santa Lucia. Dieses Altarbild aus der Pfarrkirche S. Bartolomeo in Olera bei Bergamo/Italien zeigt die „Heilige Lucia“ von Giovanni Battista Cima da Conegliano, entstanden um 1466/68.

ter Brauch, denn bis zur Kalenderreform des Papstes Gregor XIII. war der 13. Dezember der kürzeste Tag im Jahr, die damalige Wintersonnenwende war also auch die längste dunkle Nacht. An diesem Tag wurde ein großes Opferfest gefeiert, auch die Kinder wurden beschenkt. Dann begann das neue Jahr mit neuen Hoffnungen und zunehmendem Licht. Seit 1582 hingegen, in Schweden erst 1752, seit der gregorianische Kalender eingeführt worden ist, gilt der 21./22. Dezember als Tag der Wende.

Die heilige Lucia von Syrakus lebte im 4. Jahrhundert auf Sizilien. Sie war eine wunderschöne Christin, die schon in jungen Jahren das Gelübde der Keuschheit und Armut ab-

Eine strahlende Lucia mit dem Lichterkranz gehört in Schweden zur Weihnachtszeit. Am 13. Dezember kommt die Lichterkönigin mit ihrem Gefolge auch in den Norden Deutschlands.

legte und gegen alle Widerstände Armen und Kranken half und ihre versteckten Christenfreunde im Dunkel der Nacht versorgte. Sie setzte sich dabei einen Lichterkranz auf den Kopf, um die Hände frei zu haben und den Weg zu finden. Christen wurden verfolgt in jener Zeit, und so wurde auch Lucia verraten, gefoltert und schließlich grausam durch einen Dolchstoß umgebracht. Legenden berichten von großen Zeichen des Himmels, die ihren Tod begleiteten. An ihren gewaltsamen Tod erinnert das rote Seidenband, das die schwedischen Lucias tragen.

Auf dem Lande hat es im Norden lange Zeit auch eine „schwarze“, eine ganz andere Lucia gegeben, von der man sich erzählte – die dunkle, die strafende, die zum Heer der bösen Geister und Gesellen gehörte und Unheil brachte. Man fürchtete sich vor ihr, weil sie am Luciatag angeblich herumzog und unartige Kinder bedrohte oder verschleppte, weil sie faule Mägde und Spinnerinnen strafte und Lügnern die Zunge abschnitt. Es war die grausige „Lutzelfrau“, die – woher auch immer diese „Pädagogik“ kam – für Ordnung in Haus und Hof sorgte und die kleinen Kinder davor bewahrte, in der Dunkelheit draußen verloren zu gehen. So brachten die Bräuche und viel Aberglauben alles in Schuss! Längst hat man inzwischen die „schwarze Lucia“ verjagt – niemand hat noch Angst vor ihr.

Geblieben ist die Lichterkönigin mit ihrem Gefolge, die uns die Winter- und Weihnachtszeit erhellt. Gerne singt man die schwedischen Lieder und backt für diesen Tag das Luciabrötchen.

Zutaten
75 g Butter
2 EL Milch
½ Würfel frische Hefe
1 mittelgroßes Ei
500 g Weizenmehl
1 Prise Salz
2 g Gewürzsafran
100 g Zucker
1 Päckchen Vanillezucker
1 Ei zum Bestreichen
Rosinen zum Belegen

(15–20 Stück)

Rezept Luciabrötchen (schwedisch: Lussekatter)

Zubereitung
Butter bei mäßiger Hitze flüssig werden lassen, abkühlen. Milch und Hefe dazugeben, glatt rühren, bis die Hefe aufgelöst ist. Das Ei unterschlagen. Mehl mit Salz, Safran und Zucker verrühren, die flüssige Mischung dazugeben. Gut durchkneten. 30 Minuten ruhen lassen. Den Teig auf wenig Mehl ausrollen, Rollen formen und zu Schleifen und den typischen schwedischen Kuchen verschlingen (siehe Abbildung). Mit Ei bestreichen und nach dem Vorbild mit Rosinen belegen. Bei mittlerer Hitze (E-Herd: 200 °C/Umluft 175 °C/Gas: Stufe 3) 10–12 Minuten backen. Auf einem Kuchengitter unter einem Handtuch auskühlen lassen.

Wo man singt ... Musik zur Weihnachtszeit

Engelscharen jubilieren und musizieren! In den Uffizien in Florenz/Italien ist dieses Gemälde von Giovanni Angelico da Fiesole (um 1395–1455) zu sehen. Es ist Teil einer Marienkrönung.

„Alle Jahre wieder“ – wer Musik macht und mag, freut sich auf die Winter- und Weihnachtszeit. Ja, die Sommerfestivals sind großartig, die Open-Air-Events, die Jazz-Sessions und ganz besonders auch an hochsommerlichen Wochenenden die Musikfeste des Schleswig-Holstein Musik Festivals und der Festspiele Mecklenburg-Vorpommern. Aber im Winter und in der Weihnachtszeit ist alles anders. Ganz abseits von allem Dauergedudel in den früh geschmückten Supermärkten wächst im Winter eine große Lust auf die schönen alten Weihnachtsweisen, auf die Oratorien und auf stimmungsvolle Konzerte. Einmal Weihnachtsoratorium muss sein, ebenso das Singen in der Kirche und „Stille Nacht“ unter dem Tannenbaum – Advents- und Weihnachtswochen ohne Musik sind nicht denkbar. Kaum ziehen mit den Nebelschwaden die winterlichen Monate ins Land, so singt und klingt es überall, als seien alle himmlischen Heerscharen in Aktion. Dabei sind es nicht nur die Engelchöre, die uns weihnachtlich einstimmen – fröhlicher Kindergesang und Jubeltenöre verkünden ja auch ganz weltliche Weihnachtsfreuden, immer mehr Liedermacher entdecken den Norden und beweisen, dass nicht jede Weihnachtsmusik Kirchenmusik ist. Auch so mancher Instrumentalsolist gibt in der Winterzeit stimmungsvolle Konzerte, und dann sind da ja auch die alten Winterlieder und die Volksweisen ohne weihnachtlichen Bezug. Moderne Schlager und ganz unheilige

Heiterkeiten füllen die Radio- und Fernsehprogramme.
Die alten Advents- und Weihnachtslieder aber, mit Texten zur Christgeburt, mit den stimmungsvollen, fast melancholischen Melodien gehen nicht verloren, samt ihren Geschichten. Auch bei allen norddeutschen Literaten geht es immer wieder um das Fest und um das Singen unter dem Weihnachtsbaum. Weihnachten bei den Buddenbrooks, von Thomas Mann liebevoll bis ins Detail beschrieben, geht nicht ohne das gemeinsame Singen, Theodor Storms „Unter dem Tannenbaum" und seine Geschichten und Briefe über die Weihnachtsfeste seines Lebens sind voller Jubel und Singen, auch seine Tochter Gertrud Storm weiß in ihren Schriften ein Lied davon zu singen. In allen über Jahrhunderte verfassten Lebenserinnerungen haben die kindlichen Singefreuden und das Hausmusizieren ihren Platz. Da kommt das alles vor: Das adventliche Warten („Es kommt ein Schiff geladen"), die alten Marienlieder („Maria durch ein Dornwald ging"), das Kindleinwiegen („Josef, lieber Josef mein"), die Krippenlieder („Ich steh an Deiner Krippen hier") und immer auch die drei Lieblingslieder der Deutschen – „O Tannenbaum", „O du fröhliche" und „Stille Nacht". Sie gehören zur Weihnachtswelt – traditionell, selbst gesungen, selbst gespielt, auch in modernen und sogar verjazzten Versionen.
Früher auf den Dörfern waren es die „Umsinger", die Schulkinder mit ihren Lehrern, die die besinnlichen und fröhlichen Weisen verbreiteten, und die Chorknaben in den Kir-

Stille Nacht, heilige Nacht!

Stille Nacht, heilige Nacht!
Alles schläft, einsam wacht
Nur das traute, hochheilige Paar.
Holder Knabe im lockigen Haar,
Schlaf in himmlischer Ruh,
Schlaf in himmlischer Ruh.

Stille Nacht, heilige Nacht!
Gottes Sohn, o wie lacht
Lieb aus deinem göttlichen Mund,
Da uns schlägt die rettende Stund,
Christ, in deiner Geburt,
Christ, in deiner Geburt.

Stille Nacht, heilige Nacht!
Hirten erst kundgemacht,
Durch der Engel Halleluja.
Tönt es laut von fern und nah:
Christ, der Retter ist da,
Christ, der Retter ist da!

Mit ihren hellen Stimmen begeistern die Chorknaben besonders auch bei Weihnachtskonzerten.

chen. Die Rummelpottkinder kamen (und kommen wieder) mit ihren Liedversen (siehe Kapitel Silvester Seite 204). In den Kirchen fand das traditionelle Quempassingen statt – das Lied „Quem pastores laudavere“ (Den die Hirten lobten sehre) wurde im Weihnachtsgottesdienst von Schülerchören gesungen, die in vier Ecken der Kirche aufgestellt waren. Mehr und mehr wird das wieder aufgenommen. Schöne alte Traditionen werden so gepflegt, auch die alten Texte bleiben damit lebendig.

Viel fröhliche Musik aus allen Ländern der Welt hat sich inzwischen eingemischt in den Chor der Engel, die Lucias singen ihre mitreißenden schwedischen Lieder, der amerikanische Santa Claus kommt mit den „Jingle Bells“ und mit „Rudolph the Red-Nosed Reindeer“ angesaust, „White Christmas“ und „Let it snow“ sind längst Klassiker, und auch das zärtliche Wiegenlied von „Mary's Boy Child“. „Petit Papa Noël“, das in Frankreich zum Standard-Weihnachtsrepertoire gehört, ist um die Welt gezogen. Auch das innige, tiefchristliche „Minuit, Chrétiens“ (Heilige Nacht) der Franzosen. Es gibt sogar viele fremdsprachige Weihnachtslieder, wie das polnische „Gdy si Chrystus rodzi“ („Als die Welt verloren“), die in allerbesten Übersetzungen in unseren Gesangsbüchern zu finden sind, und so manches steht auch im Kinderliederbuch, wie das spanische „Feliz Navidad“ (Fröhliche Weihnachten). Lustig ist's „In der Weihnachtsbäckerei“ mit all' den kleinen Leckerschnuten! Die schönsten Weihnachtslieder aus aller Welt und immer

lustige neue Kinderlieder, Dezemberträume und Weihnachtsschätze der Liedermacher bringen so große Singefreude.
Niemals sind Kirchenkonzerte so begehrt wie in den winterlichen Wochen – Johann Sebastian Bachs ganzes großes Weihnachtsoratorium gehört zum festen Repertoire und ist in allen Domen des Nordens – von Schleswig über Hamburg, Bremen, Osnabrück und Hildesheim bis Schwerin und Güstrow, um nur einige zu nennen – und in vielen großen und kleinen Kirchen der Höhepunkt des Konzertjahres. Auch andere Winter- und Weihnachtskonzerte in Kirchen, Schlössern und Gutshäusern lassen die Menschen von weither herbeiströmen und öffnen alle Herzen. Wer Plattdeutsches hören will, freut sich auf die „Godewinds" und ihr „Wiehnacht oeverall" und „Immer wenn dat Wiehnacht ward", andere lieben den Weihnachts-Jazz des Posaunisten Nils Landgren oder große Solostimmen, die nicht nur klassische Musik präsentieren, sondern auch die beliebten alten Weihnachtsweisen. Überall zwischen Nord- und Ostsee wird im Winter gesungen und aufgespielt. Auch zu Hause. Die Weihnachtszeit ist eine Hoch-Zeit für Hausmusik. Auch für die, die nicht selber musizieren – sie holen sich die weltbesten Interpreten digital in die gute Stube.

In der Hamburger Hauptkirche St. Michaelis wird Musik großgeschrieben. Drei der insgesamt fünf Orgeln des Gotteshauses sind von einem neuen Zentralspieltisch auf der Konzertempore aus gemeinsam spielbar und werden so zu einer symphonischen Großorgel mit unglaublichem Klang. Hier sieht man die Hauptorgel auf der Westempore – sie verfügt über 86 Register, verteilt auf fünf Manuale und Pedal.

Advents- und Weihnachtslieder

Alle Jahre wieder
kommt das Christuskind
auf die Erde nieder,
wo wir Menschen sind.

Kehrt mit seinem Segen
ein in jedes Haus,
geht auf allen Wegen
mit uns ein und aus.

Steht auch mir zur Seite
still und unerkannt,
dass es treu mich leite
an der lieben Hand.

Es kommt ein Schiff, geladen
bis an sein' höchsten Bord,
trägt Gottes Sohn voll Gnaden,
des Vaters ewig's Wort.

Das Schiff geht still im Triebe,
es trägt ein teure Last;
das Segel ist die Liebe,
der Heilig Geist der Mast.

Der Anker haft' auf Erden,
da ist das Schiff am Land.
Gott's Wort tut uns Fleisch werden,
der Sohn ist uns gesandt.

Maria durch ein Dornwald ging,
Kyrie eleison.
Maria durch ein Dornwald ging,
der hat in sieben Jahr kein Laub getragen.
Jesus und Maria.

Was trug Maria unterm Herzen?
Kyrie eleison.
Ein kleines Kindlein ohne Schmerzen,
das trug Maria unter ihrem Herzen.
Jesus und Maria.

Da haben die Dornen Rosen getragen,
Kyrie eleison.
Als das Kindlein durch den Wald getragen,
da haben die Dornen Rosen getragen.
Jesus und Maria.

Joseph, lieber Joseph mein,
hilf mir wiegen mein Kindelein,
Gott, der wird dein Lohner sein
im Himmelreich, der Jungfrau Sohn Maria.
Eia! Eia!

Gerne, liebe Maria mein,
helf ich dir wiegen das Kindelein.
Gott, der wird mein Lohner sein
im Himmelreich, der Jungfrau Sohn Maria.
Eia! Eia!

Freu dich nun, o Christenschar,
der himmlische König klar
nahm die Menschheit offenbar,
den uns gebar die reine Magd Maria.
Eia! Eia!

Ich steh an deiner Krippen hier,
o Jesu, du mein Leben;
ich komme, bring und schenke dir,
was du mir hast gegeben.
Nimm hin, es ist mein Geist und Sinn,
Herz, Seel und Mut, nimm alles hin
und lass dir's wohlgefallen.

Da ich noch nicht geboren war,
da bist du mir geboren
und hast mich dir zu eigen gar,
eh ich dich kannt, erkoren.
Eh ich durch deine Hand gemacht,
da hast du schon bei dir bedacht,
wie du mein wolltest werden.

Ich sehe dich mit Freuden an
und kann mich nicht satt sehen;
und weil ich nun nichts weiter kann,
bleib ich anbetend stehen.
O dass mein Sinn ein Abgrund wär
und meine Seel ein weites Meer,
dass ich dich möchte fassen!

O Tannenbaum, o Tannenbaum,
Wie grün sind deine Blätter!
Du grünst nicht nur zur Sommerzeit,
Nein auch im Winter, wenn es schneit.
O Tannenbaum, o Tannenbaum,
Wie treu sind deine Blätter!

O Tannenbaum, o Tannenbaum,
du kannst mir sehr gefallen!
Wie oft hat nicht zur Weihnachtszeit
ein Baum von dir mich hoch erfreut!
O Tannenbaum, o Tannenbaum,
du kannst mir sehr gefallen!

O Tannenbaum, o Tannenbaum,
dein Kleid will mich was lehren:
Die Hoffnung und Beständigkeit
gibt Trost und Kraft zu jeder Zeit,
o Tannenbaum, o Tannenbaum,
dein Kleid will mich was lehren.

O du fröhliche, o du selige,
gnadenbringende Weihnachtszeit!
Welt ging verloren, Christ ist geboren:
Freue, freue dich, o Christenheit!

O du fröhliche, o du selige,
gnadenbringende Weihnachtszeit!
Christ ist erschienen, uns zu versühnen:
Freue, freue dich, o Christenheit!

O du fröhliche, o du selige,
gnadenbringende Weihnachtszeit!
Himmlische Heere jauchzen Dir Ehre:
Freue, freue dich, o Christenheit!

Ein Lied hinterm Ofen zu singen

Der Winter ist ein rechter Mann,
Kernfest und auf die Dauer;
Sein Fleisch fühlt sich wie Eisen an,
Und scheut nicht süß noch sauer.

War je ein Mann gesund, ist er's;
Er krankt und kränkelt nimmer,
Weiß nichts von Nachtschweiß noch Vapeurs
und schläft im kalten Zimmer.

Er zieht sein Hemd im Freien an
und lässt's vorher nicht wärmen
und spottet über Fluss im Zahn
und Kolik in Gedärmen.

Aus Blumen und aus Vogelsang
weiß er sich nichts zu machen,
Hasst warmen Drang und warmen Klang
und alle warmen Sachen.

Doch wenn die Füchse bellen sehr,
wenn's Holz im Ofen knittert,
und um den Ofen Knecht und Herr
die Hände reibt und zittert;

Wenn Stein und Bein vor Frost zerbricht
und Teich und Seen krachen;
Das klingt ihm gut, das hasst er nicht,
dann will er tot sich lachen. –

Sein Schloss von Eis liegt ganz hinaus
Beim Nordpol an dem Strande;
Doch hat er auch ein Sommerhaus
im lieben Schweizerlande.

Da ist er denn bald dort bald hier,
Gut Regiment zu führen;
Und wenn er durchzieht, stehen wir
und sehn ihn an und frieren.

Matthias Claudius (1740–1815),
Melodie: Johann Friedrich Reichardt
(1752–1814)

Thomastag (21.12.) – ein ungläubiger Apostel

Wer weiß noch, dass es einen Thomastag gibt und dass dazu ein ganz bestimmter Brauch gehört, das Thamsen? Da muss man die jungen Friesen auf Föhr fragen!
Wehe es dreht sich was, sonst wird es beim Thamsen oder Thomsen verschleppt – das weiß schon jedes Kind auf der nordfriesischen Insel Föhr. Deshalb passen alle auf, dass am Thomastag, am 21.12., kein Rad draußen stehen bleibt, auch keine Kinderkarre, dass keine Gartenpforte beweglich ist oder die Schubkarre einfach so sichtbar herumsteht. Irgendwo auf dem Dach findet man sie sonst wieder oder im Graben in der Marsch. Da man einst glaubte, so ist es in alten Schriften nachzulesen, dass zur Sonnenwende das „Zeitenrad stille steht" und sich erst nach den sogenannten Zwölften (die Zeit zwischen dem 25. Dezember und dem 6. Januar) wieder bewegt, brachte man schon in der Thomasnacht „alle Räder zum Stillstand". Die Götter, die am Zeitenrad drehen, wollte man nicht erzürnen. Zumal es die erste der sogenannten Raunächte war (siehe Kapitel Aberglaube, Seite 198 f.), in denen ja alle guten und bösen Zukunftsgeister herumirrten. Ein Aberglaube, der heute noch am Thomastag für viel Schabernack sorgt und auch in anderen Regionen im Norden jungen Leuten Freude macht. In Süddeutschland gilt die Thomasnacht als Durchspinn- oder als Durchsitz-Nacht, die man mit Spiel und Tanz, mit viel gutem Essen und reichlichem Trunk durchfeierte.

Auf der Insel Rügen entstand 1865 dieses Foto von der Frau am Spinnrad und einem Jungen, beide in der Tracht der Halbinsel Mönchgut im Südosten der Ostseeinsel. Die Spinnräder und alles, was sich dreht, müssen nach altem Brauch am Thomastag stille stehen, sonst geschieht ein Unglück oder ein Schabernack ...

„Der ungläubige Thomas". Ölgemälde von Michelangelo Merisi da Caravaggio. 1601/02. Dieser Apostel konnte nur schwer von der Auferstehung Jesu überzeugt werden.

Dabei geht es um die Zeitenwende, denn der Tag des heiligen Thomas, der 21. Dezember, ist der Tag der Wintersonnenwende. Auf die längste Nacht des Jahres, die Thomasnacht, folgt der kürzeste Tag. Die Sonne steht still, so glaubte man einst, bevor das Rad der Zeit wieder Tempo aufnimmt. Ein Tag, der dem ungläubigen Thomas gewidmet ist, dem Apostel, der nur schwer von der Auferstehung des Herrn überzeugt werden konnte. Die Strafe der alten Kirchenväter für den Zweifler: Der Apostel bekam den kürzesten aller Tage. Zum Thomastag gehörten immer auch Wetterregeln – beispielsweise „Wenn St. Thomas dunkel war, gibt's ein schönes neues Jahr" –

und Liebesorakel, also abergläubische Schicksalsspiele, denn es sind ja schon die Tage der Geister und Dämonen, wie so mancher glaubte. Am Thomastag (oder einfach zwischen den Jahren) holt man auch heute noch den dicken Julklotz für den Kamin, einen mächtigen Baumstumpen, der für lang anhaltende Wärme sorgt. Im offenen Feuer verbrennt man so am Thomastag alles Alte und wendet sich dann dem Neuen zu. In alten Zeiten ließ man einen solchen Holzklotz sogar weihen und legte ihn als Christblock ins Feuer. Das war weit verbreitet auf dem europäischen Kontinent. Die Asche verstreute man dann im Frühjahr zum Segen für Haus und Familie und gegen allerlei Unglück auf den Feldern. In Frankreich ist daraus die Tradition entstanden, eine Bûche de Noël, also einen Weihnachts-Baumstamm, als weihnachtliches Dessert zu backen – eine schmackhafte Sitte, die sich auch im deutschen Norden ausgebreitet hat.

Bûche de Noël

Zutaten
Biskuitteig:
6 Eiweiß
6 EL Wasser
150 g Zucker
abgeriebene Schale von 1 unbehandelten Zitrone
6 Eigelb
120 g Weizenmehl
120 g Stärkemehl
50 g Kakao
½ Päckchen Backpulver
Zucker zum Bestreuen

Zubereitung
Eiweiß, Wasser und Zucker sehr steif schlagen. Zitronenschale unterheben. Eigelb vorsichtig mit einem Schneebesen unter das steife Eiweiß heben. Mehl mit Backpulver und Kakao mischen, mit einem Schneebesen gleichmäßig unter die Masse geben.
Backblech mit Backtrennpapier auslegen. Biskuitteig auf dem Blech gleichmäßig verteilen, sehr glatt streichen. Im vorgeheizten Backofen (E-Herd: 200 °C/Umluft 175 °C/Gas:

Stufe 3) 10–12 Minuten backen. Währenddessen ein Küchentuch anfeuchten, ausbreiten und mit Zucker bestreuen. Teigplatte aus dem Ofen nehmen und sofort auf das Küchentuch stürzen. Backtrennpapier abziehen, Teigplatte sofort von der kurzen Seite her aufrollen. Auskühlen lassen.

Blockschokolade im Wasserbad schmelzen, abkühlen lassen. Eier und Puderzucker schaumig rühren, Butter dazugeben, sehr gut durchschlagen. Nach und nach die weiche Blockschokolade, den Kakao und den Rum unterrühren. Sehr glatt rühren. Die Buttercreme 20 Minuten kühl stellen.

Biskuitteig aufrollen, Handtuch entfernen. Buttercreme teilen und gleichmäßig auf dem Teig verteilen, genügend Creme übrig lassen für außen. Die gefüllte Teigplatte aufrollen und auch außen dick bestreichen. Mit einer Gabel längsseits Rillen ziehen.

Wer es mag, schmückt diesen Baumstamm mit kandierten halben Kirschen und mit Mandelhälften, auch mit Marzipanblumen und Blättchen aus Zuckerguss oder Schokolade.

Buttercreme:
250 g bittere Blockschokolade
3 mittelgroße Eier
200 g Puderzucker
250 g Butter
50 g Kakao
2 cl Rum
evtl. kandierte Kirschen, halbierte Mandeln, Marzipanblüten, Fondant- oder Schokoblätter zum Schmücken

(für 6–8 Personen)

Leckere Nachspeise oder köstlicher Kuchen in den Weihnachtstagen: ein französischer „Bûche de Noël“ oder Weihnachts-Baumstamm, eine besondere Art der Schokoladenrolle. Er ist entstanden aus der Sitte, am Thomastag einen „Julklotz“ oder „Christblock“ ins Feuer zu werfen. Das sollte Segen für das nächste Jahr bringen.

Essen und Trinken

Weihnachten muss man richtig gut essen. Das war immer so. Selbst in den einfachsten Häusern und in den schlechtesten Zeiten wurde für irgendetwas Besonderes gesorgt. Darüber gibt es unglaublich viele Berichte. Die großen Leute aßen Karpfen und Kartoffeln, die Kleinen bekamen „gebratene Küken, Spinat, Kartoffeln und gekochte Früchte und zum Nachtisch goldene Äpfel und Nüsse und Zuckerwerk vom Weihnachtsbaum“, so ist es bei der Hamburgerin Elise Averdieck nachzulesen, die 1808 geboren wurde und über die Weihnachtstage im elterlichen Haus schreibt. Gut gedeckte Tische waren das, die wir auch im hanseatischen Lübeck der Buddenbrooks erleben: Karpfen in aufgelöster Butter und alter Rheinwein machen den Anfang des festlichen Weihnachtsmahls. Dann folgt der „Puter, gefüllt mit einem Brei von Maronen, Rosinen und Äpfeln“, gebratene Kartoffeln gab es dazu und „zweierlei Gemüse und zweierlei Kompot“. Später wurden noch rote, weiße und braune Eisbaisers mit „knusperten Waffeln“ gereicht und Butter und Käse. Man muss schon mehr als einen Weihnachtsabend im Senatorenhause lesend erleben, damit man alle Köstlichkeiten entdeckt: „Ein kolossaler, ziegelroter, panierter Schinken erschien, geräuchert, gekocht, nebst brauner, säuerlicher Schalottensauce und solchen Mengen von Gemüsen, dass alle aus einer einzigen Schüssel sich hätten sättigen können.“ Nicht fehlen durfte das „Après“ – die Nachspeise:

Um die festliche Tafel besonders zu schmücken, kann man den Gästen das Weihnachtsmenü in einer schönen Karte präsentieren und den Tisch weihnachtlich dekorieren.

„Nun kam, in zwei großen Kristallschüsseln, der ‚Plettenpudding', ein schichtweises Gemisch aus Makronen, Himbeeren, Biskuits und Eiercreme; am unteren Tischende aber begann es aufzuflammen, denn die Kinder hatten ihren Lieblings-Nachtisch, den brennenden Plumpudding bekommen."
Ja, Weihnachten war ein großes Fest, die Familie saß am großen Tisch, alle reisten herbei, dann wurde festlich gegessen, „hoch geschmauset", wie man es in alten Berichten liest. Das Feinste vom Feinsten gab es, so viel, wie man sich leisten konnte und wie es regional typisch war, auch heute noch.

Wie im Schlaraffenland – so wie Pieter Bruegel der Ältere es 1566 unnachahmlich gemalt hat – kann und darf man sich am „Vullbuuksabend“ in den Weihnachtstagen fühlen, am Abend der vollen oder dicken Bäuche, wo man futtern darf, so viel man kann.

Selbst im Volksmund sprach man im Norden vom „Vullbuuksabend“ oder dem „Dickbauchabend“ und signalisierte damit Genussfreuden bester Art. Wer reichlich und gut und viel Fettes in den letzten Tagen des alten Jahres isst, der kann gewiss sein, dass das neue Jahr volle Tische bringt. So glaubte man. Man muss so reichlich servieren, dass niemand hungrig aufsteht, auf dass niemand Hunger leide im neuen Jahr. Den Geistern und Göttern sei’s gesagt. Vom Schlachten hatte man einst noch die großen Braten, allem voran das extra gemästete Weihnachtsschwein, den „Jul-Eber“. Im Dezember ging man auch noch auf Jagd und schoss die „Weihnachtshasen“ – so war es Brauch in Pommern. Da gab es mit Vorliebe auch „Schwartsur, Gänseblautsupp, Snuten un Poten, Backobst mit Klüten und Rindfleisch mit Senf und Zwiebeln", so ein Chronist – also das mit Blut gekochte Schwarzsauer, eine Blutsuppe mit den Kleinteilen der Gans, den im ganzen Norden beliebten Sauerkraut-Erbsen-Eintopf „Snuten un Poten", in den als Fleisch die gepökelten Schweineschnauzen und -pfoten gehörten. Und Klüten, also Klöße gab es. Mit Backobstkompott, die Fleischspeise dazu. Bei Theodor Storm liest man vom festlichen Sauerbraten und vom danach mit Wonne verspeisten Apfelkuchen, der „Tante Moritz" hieß. Die Martinstage lieferten außerdem das Federvieh für die Festtage, für große Tische die traditionelle Weihnachtsgans mit Rotkohl und Grünkohl, gern auch die lecker gefüllte Ente. Pommern und Mecklenburger freuten sich auf ihre Spickgans mit Teltower Rübchen. Als Traditionsgericht in Hamburg galt der Karpfen, der in vielen Häusern nur dieses eine Mal im Jahr serviert und auf vielerlei Art zubereitet wurde. Die häuslichen Kochbücher bieten eine große Auswahl an Rezepten! Ebenso für Heringssalat, der unbedingt zu den Festtagen gehört – als Gegenpol gewissermaßen zu den großen Fleischbergen. Wird er auf Alt-Hamburger Art zubereitet, dann gehört ein symbolisches Siebenerlei hinein, damit das neue Jahr gelingt: Hering, Kalbfleisch, Kartoffeln, Äpfel, Gurken, Zwiebeln und Eier. In Winterzeiten schmorten auch Unmengen von Kohl in den Töpfen – als wahres Festgericht galt Grünkohl satt mit allem, was an Fleisch regional dazugehörte. „Gräunkohl mit'n dick'n Bein" wünschen sich die Pommern. Natürlich mussten süße, also karamellisierte Kartoffeln dabei sein. Auch Suppen aß man, die kleinen und die Eintöpfe der allerbesten Art, das liebte man im Norden. Walter Kempowski berichtet von der „Helgoländer Suppe“, zu der die ganze Familie zusammenkam: „Eine rote Krebssuppe ist das, auf der kleine weiße Schlagsahnehäufchen schwimmen, die mit Petersilie bestreut sind.“ Selbst da, wo es in den Häusern schlichter zuging, standen mächtige Mehlbeutel auf den Weihnachtstischen, sie wurden im Tuch oder in der Form gegart und an den Festtagen köstlich begleitet von Schweinebacke, Specksauce und Kompott. Man aß immer auch Klöße, denn die sollten viele Taler bringen im neuen Jahr, wie auch Linsen und Erbsen und alles, was körnig war. Hirse und Grützen, also Breie gab es mit großen Butterkuhlen und vor allem dem – wie der Kieler Geert Seelig es nannte – herrlich „lummerigen“ (wörtlich: „trüben“, „undurchsichtigen“, also gehaltvollen) Reis als süßes Gericht und als Nachspeise, dick mit Sahne gekocht, mit Butter beglänzt und mit Zucker und Kaneel bestreut. Welche Wonne für die Kleinsten! Der englische Plumpudding wanderte in hochgestellten Häusern als festliche Krönung und als brennendes Spektakel auf die Weihnachtstische – man wusste, welcher Delikatessenhändler diese wahrlich wehrige, also mächtige Nachspeise aus dem britischen Königreich lieferte! Im Übrigen waren die Weihnachtsteller voller Fettgebackenem, voller Plätten und Klöben.

Gans und Ente, Pute und Wild und auch der Karpfen gehören auch heute auf die Weih-

nachtstafel. Wenn es schnell gehen soll, gibt es Heiligabend Kartoffelsalat mit Würstchen. Aber viele treffen sich auch zum Fondue-Essen und genießen die große Runde.
Zum festlichen Essen gehört auch der gehaltvolle Schluck – zur „Völlerey und Gasterey", wie man einst sagte, trank und trinkt man nicht nur allerbeste Weine und zum Jahreswechsel „Schampus" in Strömen – zur Weihnacht wurde im Norden seit alters her überall ein kräftiges Julbier gebraut, das dunkle oder helle Weihnachtsbier. Schließlich muss man ja „Jul trinken", also auf alle Lieben nah und fern anstoßen – wozu im Norden traditionell auch der hausgebraute Met gehörte. Außerdem erhitzt man sich außen und innen mit ganz viel Punsch, für den jeder ein hauseigenes Lieblingsrezept hat – vom Bremer Rotwein-Punsch und der gut gewürzten Bischofsbowle bis zum rotglühenden Glögg und Weihnachtspunsch.
Eine ganz wichtige Regel gilt auch noch in diesen Tagen: Kein Weihnachtsgast darf hungrig bleiben, sonst trägt er das Glück aus dem Haus. Sogar für die Kinder und für alle Angestellten sind dieses die Tage, „do man sülben itt un snitt" (wo man selber isst und schneidet), es wurde also nicht zugeteilt wie an allen anderen Tagen, man durfte selbst die Mengen bestimmen. Der Kieler Geert Seelig: Das schönste war „... die Aussicht auf die unbeschränkte Herrschaft über die Herrlichkeiten des Tellers, der gütig nachgefüllt wurde ..." Die Hausfrauen und -männer wissen das und sind immer gut vorbereitet.

Festtagsspeisen

(die Rezepte sind für 4 Personen berechnet)

Gänsebraten

Zutaten

1 Gans (4–6 kg, küchenfertig vorbereitet)
Salz
Pfeffer
Majoran
250 g Äpfel (Boskop oder Cox)
250 g entsteinte Backpflaumen
50 g Sultaninen
5 Zwiebäcke
Schale von 1 unbehandelten Zitrone
Salzwasser
Mehl oder Saucenbinder für die Sauce

Zubereitung

Gans waschen und trocken reiben. Innen reichlich mit Salz, Pfeffer und Majoran ausreiben, außen salzen. Äpfel schälen und in kleine Stücke schneiden, Backpflaumen halbieren, Sultaninen waschen (nach Geschmack können sie auch über Nacht in Rum eingelegt werden). Apfel- und Backpflaumenstücke und die Sultaninen mit den zerbröckelten Zwiebäcken und der abgeriebenen Zitronenschale vermischen. Mischung in die Gans füllen, mit Holzstäbchen und Zwirn schließen. Gans mit dem Rücken nach unten auf den Rost der Bratpfanne legen, in den vorgeheizten Ofen (E-Herd: 200 °C/Umluft 175 °C/Gas: Stufe 3) schieben. Nach 10 Minuten mit ¼ l Salzwasser übergießen. Gans nach weiteren 10 Minuten umdrehen. Unterhalb der Flügel und Keulen einstechen, Gans mit dem Bratenfond übergießen. Das Begießen wiederholt man alle 15 Minuten. Nach 2 ½ Stunden Bratzeit erneut ¼ l Salzwasser über die Gans gießen, weitere 30 Minuten im Ofen braten. Während der letzten 10 Minuten die Oberhitze verstärken, damit die Haut kross wird. Gans herausheben, warm stellen und ruhen lassen. In der Zwischenzeit den Bratenfond durch ein Sieb geben, Fett abschöpfen. Bratenfond mit wenig Mehl oder Saucenbinder andicken. Nach Belieben nachwürzen (mit Majoran, mit 1 EL Cognac oder Noilly Prat).

In vielen Familien ist es Tradition, Herz, Leber und Magen der Gans fein zu hacken und unter die Füllung zu mischen, zuweilen werden auch abgekochte Maronen dazugegeben. Vielfach wird auch eingeweichtes Backobst – also nicht nur Äpfel und Backpflaumen – untergemischt.

Pommersche Spickgans und Geriebener Gänsemagen

Zutaten
2 Gänsebrüste (von dem Schlachter Ihres Vertrauens leicht gepökelt und geräuchert zubereiten lassen)

für die Bratkartoffeln:
1 kg gekochte Pellkartoffeln
2 Zwiebeln
100 g durchwachsener Speck

als Beilage z. B. 800 g Teltower Rübchen oder frischer Salat

Zubereitung
Die leicht gepökelte und geräucherte Gänsebrust wird in Pommern Spickgans oder Gänsespickbrust genannt. Beim Hausschlachten der Gänse wurden und werden die ausgelösten Brüste mit ihrer Haut gegeneinander liegend eingenäht, gepökelt und geräuchert. Das Fleisch wird also nicht gespickt, es erhält seinen besonderen Geschmack von der fetten Haut. Geräucherte Gänsebrust ist heutzutage fast das ganze Jahr hindurch in Fachläden zu kaufen.
In Mecklenburg-Vorpommern gehört die Spickgans zu den festlichen Essen der Weihnachtstage. Vom Martinstag an, an dem die Gänse geschlachtet wurden, bereitete man die Spickgans auf den Höfen vor. Spickbrust isst man als festliches Hauptgericht zu Bratkartoffeln. Passend dazu serviert man Teltower Rübchen, am besten besonders kleine, die bissfest gekocht und dann in Butter und Zucker geschwenkt werden, oder auch frischen Salat.
Eine beliebte Gänsespezialität ist auch der „geriebene Gänsemagen“. Dazu werden an den Schlachttagen die Mägen der Gänse ge-

pökelt, geräuchert und dann fein gerieben unter ausgelassenes Gänseschmalz gemischt. Es ist eine weihnachtliche Delikatesse, die man auf deftigem Brot isst.

Gänsekeule süßsauer (Gooskul söötsuur)

Zutaten
4 große Gänsekeulen
1 l Wasser
1 große Gemüsezwiebel
¼ l Weinessig hell
1 geh. TL Salz
1 geh. TL Zucker
5 Lorbeerblätter
10 schwarze Pfefferkörner
1 geh. TL Senfkörner
5 Pimentkörner
1 geh. EL Majoran gerebelt
Fett zum Braten
Zucker
zum Nachwürzen evtl.
Salz, Pfeffer, Zucker, Weinessig
Mehlbutter zum Andicken

Tipp
Mehlbutter sollte man auf Vorrat halten – dazu knetet man 100 g weiche Butter mit 100 g Weizenmehl zu einer Rolle, die man kalt stellt. Bei Bedarf schneidet man eine Scheibe ab und dickt damit Suppen und Saucen an.

Zubereitung
Gänsekeulen küchenfertig vorbereiten. Wasser mit der Zwiebel, dem Essig und den Gewürzen zum Kochen bringen. Gänsekeulen dazugeben und bei mittlerer Hitze 60 Minuten leicht kochen lassen. Auskühlen und 1–2 Tage in der Brühe stehen lassen. Keulen herausnehmen, mit Küchenkrepp trocken tupfen und in heißem Fett in einer Pfanne oder einem Bräter rundherum anbraten. 10–15 Minuten bei kleiner Hitze heiß werden lassen. Die Keulen dick mit Zucker bestreuen und bei laufendem Drehen gut karamellisieren lassen. Mit der sauren Gänsebrühe ablöschen. Die Keule kann noch etwas bei ganz geringer Hitze nachschmoren, sie wird dann herausgehoben und unter Alufolie warm gestellt. Bratenfond durch ein Sieb geben und mit Mehlbutter leicht andicken. Nach Bedarf nachwürzen.
Zur Gänsekeule söötsuur serviert man knusprige Bratkartoffeln.

Wildentenbraten (Rheiderland)

Zutaten
1 Wildente
Salz
Pfeffer
Majoran
1 Lorbeerblatt
1 Apfel (Boskop oder Cox)
200 g dünne Räucherspeckscheiben
Fett zum Anbraten
200 ccm Sahne
200 ccm saure Sahne
Mehlbutter für die Sauce (20 g Mehl, 20 g Butter, Zubereitung siehe Tipp Seite 116)

Zubereitung
Die ausgenommene, küchenfertige Wildente innen mit Salz, Pfeffer und Majoran ausstreuen, das Lorbeerblatt und den ungeschälten Apfel in Stücken in die Ente geben. Speckscheiben gut umwickeln und mit Holzstäbchen feststecken. Ente in einem Bräter in Fett anbraten, etwas Wasser und die Sahne angießen. Im vorgeheizten Ofen (E-Herd: 200 °C/Umluft 175 °C/Gas: Stufe 3) braten. Nach 30 Minuten die Speckscheiben von der Ente nehmen, damit sie eine braune Kruste bekommt. Speck in dem Bratenfond lassen. Noch 15–30 Minuten bei gleicher oder etwas geringerer Hitze garen. (Die Garzeit differiert je nach Alter und Größe der Ente. Ente herausheben und ruhen lassen. Währenddessen den Bratenfond durchseihen, mit saurer Sahne verrühren, eventuell mit Mehlbutter andicken.
Man isst die Wildente zu Kartoffeln, Rotkohl und Apfelmus.

Das Rheiderland in Ostfriesland ist bekannt für seine guten Wildenten – dort befindet sich ein besonders großes Wasserjagdgebiet. Haus- und Mastenten können auf dieselbe Art und Weise zubereitet werden.

Zutaten
1 küchenfertige Ente (1,5–2 kg)
Salz
schwarzer Pfeffer
Majoran gerebelt
250 g Kalbsbrät (Hackfleisch)
Entenleber
1 Gemüsezwiebel
1 Ei
125 g Backpflaumen ohne Stein
1 mittelgroßer Apfel (Boskop oder Cox)
¼ l Geflügelfond (Würfel oder Glas)
Orangensaft für die Sauce

Weihnachtlicher Entenbraten

Zubereitung
Die küchenfertige Ente waschen und mit Küchenkrepp trocken tupfen. Innen und außen mit Salz, frisch gemahlenem Pfeffer und Majoran ausstreuen und einreiben. Kalbsbrät gut mit der klein geschnittenen Leber, der klein gehackten Gemüsezwiebel, dem Ei, den klein geschnittenen Backpflaumen und dem in Spalten geschnittenen Apfel vermischen, pfeffern und salzen. Füllung in die Ente geben, gut andrücken. Ente mit Holzstäbchen und Küchenzwirn zubinden. Mit dem Rücken nach unten auf den Rost der Bratpfanne oder des Bräters legen. Mit einer Gabel unter den Flügeln und Keulen die Haut einstechen. Geflügelfond angießen. Im vorgeheizten Ofen (E-Herd: 200 °C/Umluft 175 °C/Gas: Stufe 3) 60–90 Minuten braten, je nach Größe. Die Ente während der Bratzeit mehrfach mit dem Bratenfond übergießen. Ente mit kaltem Salzwasser bestreichen und weitere 15 Minuten bei Oberhitze knusprig bräunen lassen. Ente herausheben und unter Alufolie ruhen lassen. Den Bratenfond durch ein Sieb geben, mit etwas Wasser und Orangensaft verrühren und aufkochen. Evtl. Fett abschöpfen. Sauce nach Belieben mit etwas Mehl oder Saucenandicker binden. Nach Geschmack nachwürzen.
Die Ente wird im Ganzen aufgetragen, dann aufgeschnitten. Dabei wird die Füllung herausgehoben und getrennt serviert. Man isst zur Ente Kartoffeln oder Klöße und meistens Rotkohl.

Hamburger Stubenküken

Zutaten
je Person 1 Stubenküken
Salz
Pfeffer
250 g gekochter Schinken
250 g Hähnchen- oder Entenleber
1 Ei
1 EL Sahne
1 EL Butter
durchwachsener Speck, hauchdünn geschnitten
Fett zum Anbraten
1 Bund Suppengrün
1 mittelgroße Zwiebel
Geflügelfond
Schmand
Butter

Zubereitung
Die ausgenommenen, küchenfertigen Stubenküken mit Salz und Pfeffer innen ausreiben.
Schinken durch den Wolf geben oder fein hacken. Leber in sehr kleine Stücke schneiden. Beides mit Ei, Sahne und Butter vermischen und in die Küken füllen. Mit Holzstäbchen und Küchenzwirn schließen. Speckscheiben um die Küken wickeln, mit Holzstäbchen feststecken.
Stubenküken im Bräter in Fett rundherum anbraten. Suppengrün putzen und klein schneiden, Zwiebel fein würfeln, beides zu dem Fett geben, kurz anschmoren. Soviel Geflügelfond angießen, dass der Boden leicht bedeckt ist. Bei mittlerer Hitze (E-Herd: 200 °C/Umluft 175 °C/Gas: Stufe 3) 30 Minuten braten. Dabei mehrfach mit dem Bratenfond und etwas weiterem Geflügelfond übergießen. Speck von den Küken lösen, im Bratenfond lassen. Küken mit Schmand übergießen, weitere 10–15 Minuten im Ofen braten. Herausheben, ruhen lassen. Holzstäbchen und Zwirn entfernen. Den Bratenfond durchseihen, kalte Butter dazugeben und mit dem Rührstab gut aufschlagen. Man serviert Stubenküken zu zartem Gemüse.

In Bremen sind die Stubenküken als Stubenkükenragout seit vielen Generationen ein Festgericht. Dazu werden die Stubenküken in Hälften mit Speck umwickelt, mit Zwiebeln geschmort und dann in einer Ragout-Sauce serviert: dazu bereitet man eine helle

Sahnesauce und gart darin Scheiben von gekochter Kalbszunge, kleine Kalbs- oder Putenwürstchen, Kalbsbries, Spargelspitzen, frische Champignons, Krebsschwänze und nach Geschmack Muscheln (frisch abgekocht oder konserviert). Kleine Mehl- oder Schwemmklößchen werden kurz vor dem Servieren in die Ragoutsauce gegeben. Man serviert die gebratenen Stubenküken in dieser gehaltvollen Sauce.

Karpfen blau

Zutaten

1 Karpfen im Ganzen (pro Person 500 g)
oder:
Karpfen in Stücken (pro Person 250–300 g)
⅛ l Essig zum Begießen
Grundmenge des Kochwassers (der Fisch muss beim Kochen mit der Flüssigkeit vollständig bedeckt sein, bei größerer Menge Fisch braucht man also entsprechend mehr)
2 ½ l Wasser
½ l Essig
1 Bund Suppengrün
2 mittelgroße Zwiebeln
1 unbehandelte Zitrone
4 geh. EL Salz
1 geh. TL Zucker
6 Lorbeerblätter
1 geh. EL Pfefferkörner
10 Pimentkörner

als Beilage:
Kartoffeln
Butter
Sahnemeerrettich (Schlagsahne mit frisch geraspeltem Meerrettich verrühren, mit Salz und einer Prise Zucker abschmecken)
1 unbehandelte Zitrone

Zubereitung

Man kann Karpfen im Ganzen oder in Teilen zubereiten. Der ganze Karpfen oder die aufgeschnittenen Teile werden vorsichtig unter fließendem Wasser gewaschen, die Haut darf nicht verletzt werden. Essig wärmen und über den auf einer Schüssel liegenden Karpfen gießen, damit er blau wird. Essig abgießen.

Kochwasser vorbereiten. Dafür das Wasser mit dem Essig zum Kochen bringen, das geputzte und klein geschnittene Suppengrün, die Zwiebeln und die Zitrone in große Stücke schneiden und die Gewürze aufkochen. Bei wenig Hitze 5 Minuten ziehen lassen.

Karpfen auf einem Fischeinsatz in das Kochwasser geben – dabei muss der Fisch ganz bedeckt sein. Einmal aufkochen lassen, bei geringer Hitze 20–25 Minuten garen lassen (das Fischfleisch muss sich von den Gräten lösen lassen). Karpfen herausheben und sofort servieren. Traditionell isst man Kartoffeln, ausgelassene braune Butter und Sahnemeerrettich dazu. Je nach Geschmack legt man noch Zitronenviertel zum Auspressen dazu.

In den „Buddenbrooks" lässt Thomas Mann die treffliche Madame Kröger vom schwarzgekochten Karpfen berichten, den es immer an den Weihnachtstagen gibt. Dazu braucht man das beim Schlachten anfallende Karpfenblut. Der Karpfen wird dann in einem mit Kardamom und Pfefferkuchen gewürzten Rotweinsud gegart, dem das mit Essig aufgerührte Blut beigegeben wird. Zum Karpfen und der passierten „schwarzen" Sauce serviert man Kartoffeln oder Kartoffelklöße.

Pommerscher Rollaal (Ruleal)

Zutaten
1 frischer Aal (1000–1200 g)
Salz
Pfeffer
Muskat gerieben
1 große Gemüsezwiebel
1 Bund krause Petersilie
1 l Wasser
⅛ l Essig
1 geh. TL Salz
1 Msp. Zucker
3 Lorbeerblätter
1 EL Salbeiblätter
evtl. weiße Gelatine

Zubereitung
Aal säubern, enthäuten, entgräten, an der Bauchseite aufschneiden und aufklappen. Die Innenseite des Aals mit Salz, Pfeffer und geriebenem Muskat würzen. Zwiebel und Petersilie fein hacken, gut verteilen. Den Aal vom Schwanz her aufrollen, mit Küchenzwirn gut, aber locker verschnüren.
Wasser mit Essig, Salz, Zucker, Lorbeerblättern und Salbeiblättern zum Kochen bringen. Den Aal einlegen und 15–20 Minuten köchelnd garen lassen. Im Sud auskühlen. Herausheben, den Zwirn entfernen, in Scheiben schneiden.
Rollaal isst man kalt zu Bratkartoffeln (mit Speck gebraten) oder auch als Vorspeise.
Man kann die durchgeseihte Kochflüssigkeit auch mit Gelatine steifen (Menge entsprechend der Angaben auf der Packung), über die Aalscheiben gießen, einige Stunden kalt stellen und steif werden lassen.

Zutaten
300 g festkochende Kartoffeln
4 Eier
4 Matjesfilets
2 säuerliche Äpfel
2 Stangen Staudensellerie
150 g Kalbsbraten in Scheiben
1 mittelgroße Zwiebel
1 große Gewürzgurke
1 großes Stück süßsaure schlesische Gurke
300 g Rote Bete aus dem Glas
50 g Walnusskerne
200 g Mayonnaise light
200 ccm Schmand
200 ccm Joghurt mager
4 EL Rote-Bete-Saft aus dem Glas
Salz
Pfeffer
Zucker
Schnittlauch

Wem Mayonnaise und Schmand zu üppig sind, kann auch aus etwas Essig, Öl und Gewürzgurkensud eine Vinaigrette dazugeben.

Weihnachtlicher Heringssalat

Zubereitung
Kartoffeln und Eier gar kochen, pellen und auskühlen lassen. Beides in kleine Würfel schneiden. Inzwischen die Matjesfilets kurz wässern, trocken tupfen, in kleine Stücke schneiden. Äpfel schälen und in kleine Stücke schneiden. Selleriestangen säubern und in schmale Scheiben schneiden. Kalbsbraten in Streifen schneiden. Zwiebel, die beiden Gurken und die Rote Bete in Würfel schneiden. Walnusskerne grob hacken. Mayonnaise mit Schmand, Joghurt und Rote-Bete-Saft gut verrühren, mit Salz, Pfeffer und wenig Zucker kräftig abschmecken. Sämtliche klein geschnittene Zutaten locker vermischen. Die Sauce darübergeben, vorsichtig unterheben und den gut gemischten Salat kühl stellen. Mindestens zwei Stunden zugedeckt ziehen lassen. Mit frisch gehacktem Schnittlauch bestreuen. Zu Pellkartoffeln oder Schwarzbrot servieren.

Julbraten (Krustenbraten)

Zubereitung
Die Schwarte des Krustenbratens wird mit einem sehr scharfen Messer in feine Streifen oder in Rauten eingeschnitten. Bratenstück rundherum reichlich mit Pfeffer, Piment und Ingwer würzen. Braten mit der Krustenseite nach unten in heißem Fett im Bräter gut anbraten. Umdrehen. Das fein gewürfelte Suppengrün und die klein geschnittene Zwiebel anrösten. Gemüsebrühe aufgießen. Den Bräter mit dem Fleisch in den vorgeheizten Ofen (E-Herd: 200 °C/Umluft 175 °C/ Gas: Stufe 3) geben und unter häufigem Begießen mit Gemüsebrühe und dem Bratenfond 60 Minuten braten. Temperatur um 20 °C herunterdrehen, weitere 60 Minuten garen, dabei weiterhin häufig begießen. Die Schwarte mit Honig bestreichen, Oberhitze einschalten, den Braten noch 10–15 Minuten backen, bis die Kruste schön braun und knusprig ist.

Zutaten
1–1 ½ kg Krustenbraten (gepökelter Schweineschulterbraten mit Schwarte)
Pfeffer
Piment gemahlen
Ingwer gemahlen
Fett zum Anbraten
1 Bund Suppengrün
1 große Zwiebel
Gemüsebrühe
Honig zum Bestreichen

Schalottensauce:
500 g Schalotten
30 g Butter
1 TL Salz
1 TL Zucker
Bratenfond
⅛ l Essig
2 EL Cognac
Mehlbutter nach Geschmack (Rezept Seite 116)

Herausheben und warm stellen. Bratenfond durchseihen.
Für die Sauce die Schalotten in dünnen Scheiben in der Butter anbraten, mit Salz und Zucker würzen, mit dem Bratenfond und Essig ablöschen, einmal aufkochen lassen. Mit Cognac würzen, evtl. mit Mehlbutter andicken. Der Braten wird in dicke Scheiben geschnitten und auf einer Platte serviert. Die Schalottensauce gibt man extra dazu.
Zum Julbraten isst man traditionell Rotkohl, (Rezept Seite 130) der durch Johannisbeergelee gesüßt wird. Untergerührtes Schmalz macht den Rotkohl glänzend und gibt zusätzlichen Geschmack.

Ostfriesischer Sniertjebraa (Schweine-Schmorbraten)

Zutaten
750 g fetter Nackenbraten vom Schwein
750 g gepökelter Nackenbraten vom Schwein
Salz
Pfeffer
Fett zum Anbraten
Gemüsebrühe
500 g Zwiebeln
Sahne
Mehlbutter nach Geschmack (Rezept Seite 116)

Zubereitung
Die beiden Bratenstücke gut mit Salz und Pfeffer einreiben. In einem Bräter in heißem Fett von allen Seiten anbraten. Mit Gemüsebrühe übergießen. Im vorgeheizten Ofen bei mittlerer Hitze (E-Herd: 200 °C/Umluft 175 °C/Gas: Stufe 3) 30 Minuten schmoren lassen. Die Zwiebeln in Stücken hinzugeben und alles weitere 30–40 Minuten schmoren lassen, nach Bedarf weitere Gemüsebrühe dazugeben. Fleisch herausheben und ruhen lassen. Den Bratenfond und die Zwiebeln mit Sahne verrühren, evtl. mit Mehlbutter andicken. Sauce über das in Scheiben geschnittene Fleisch geben. Man isst den Sniertjebraa mit Salzkartoffeln, Roter Bete, eingelegtem Kürbis und Zuckergurken.

Mecklenburger Pflaumenbraten

Zutaten
800–1000 g Schweinerücken/Schweinenacken/Schweinekamm
Salz
Pfeffer
150 g Kalbshackfleisch
150 g entsteinte Backpflaumen
Fett zum Anbraten
1 Bund Suppengrün
1 mittelgroße Zwiebel
Gemüsebrühe
350 g entsteinte Backpflaumen (über Nacht in Wasser einweichen)
100–150 g Pfefferkuchen

Zubereitung
In das Bratenfleisch schneidet man eine tiefe Tasche ein. Das Fleisch innen und außen mit Salz und Pfeffer ausreiben. Kalbshackfleisch mit den klein geschnittenen Backpflaumen mischen, in die Tasche einfüllen. Mit Holzstäbchen und Küchenzwirn schließen. In heißem Fett im Bräter anbraten, das klein geschnittene Suppengrün und die Zwiebel in Scheiben mit anschmoren. Braten mit Gemüsebrühe übergießen. Im vorgeheizten Ofen (E-Herd: 200 °C/Umluft 175 °C/Gas: Stufe 3) 50–60 Minuten schmoren. Immer wieder mit Bratenfond übergießen. Braten herausheben und ruhen lassen. Währenddessen den Bratenfond durchseihen, die eingeweichten Backpflaumen darin garen. Mit zerriebenem Pfefferkuchen andicken. Holzstäbchen und Zwirn beim Braten entfernen, das Fleisch in dicke Scheiben schneiden und in der Sauce servieren.
Man isst zu diesem festlichen Braten traditionell Kartoffeln, es schmecken aber auch Klöße.

Ähnliche Rezepte gibt es in Schleswig-Holstein für die Zubereitung der gefüllten Schweinerippe und in Niedersachsen für den Schälrippenbraten. Es sind große festliche Gerichte, die eine aufwendige Zubereitung verlangen.

Rindfleisch mit Meerrettich-Rosinensauce

Zutaten
1 kg Rindfleisch zum Kochen
2 l Wasser
1 EL Salz
1 TL Zucker
10 Pimentkörner
2 Lorbeerblätter
1 Bund Suppengrün
1 große Zwiebel

Meerrettich-Rosinensauce
40 g Butter
40 g Mehl
¼ l Rindfleischbrühe
200 ccm Sahne
100 g Rosinen, über Nacht in Wasser eingeweicht (nach Belieben in Rum)
1 kleine Stange frischer Meerrettich, gerieben

Zubereitung
Wasser mit den Gewürzen zum Kochen bringen, das geputzte Suppengrün und die klein geschnittene Zwiebel dazugeben. Aufkochen lassen, Fleisch dazugeben, einmal aufkochen lassen. Bei mittlerer Hitze (E-Herd: 180 °C/Umluft 155 °C/Gas: Stufe 3) 2 Stunden köcheln lassen. Fleisch herausheben, ruhen lassen.
Für die Sauce Mehl und Butter im Topf erhitzen, mit Brühe ablöschen, Sahne aufgießen. Rosinen und Meerrettich dazugeben. 5 Minuten bei geringer Hitze köcheln lassen. Mit Salz und Pfeffer abschmecken.
Fleisch in Scheiben schneiden und mit der Sauce übergießen. Traditionell mit Klump (großer Kloß, Rezept Seite 133) und Sauerkraut servieren.

Lammkeule

Zutaten
1 Lammkeule (1 ½–2 kg, besonders gut schmecken im Norden die Salzwiesen- und Deichlämmer)
Kräuteröl zum Einreiben
Salz
Pfeffer
1 EL mittelscharfer Senf
1 Handvoll frische Gartenkräuter
1 kleine Schalotte
½ l Gemüsebrühe (Würfel oder Glas)
½ l trockener Rotwein
200 ccm Sauerrahm
Mehlbutter (Rezept Seite 116)
Kümmel gemahlen
Sultaninen

Zubereitung
Die küchenfertige Lammkeule wird mit Kräuteröl, Salz und Pfeffer reichlich eingerieben. Senf mit den fein gehackten Kräutern und der fein geriebenen Schalotte mischen, diese Masse auf das Fleisch streichen. Lammkeule fest in Pergament einwickeln und über Nacht kühl stellen. Im vorgeheizten Ofen (E-Herd: 200 °C/Umluft 175 °C/Gas: Stufe 3) auf den Rost über der Fettpfanne legen, mit der Gemüsebrühe übergießen und etwa 2 Stunden garen. Regelmäßig mit etwas Rotwein und dem Bratensaft übergie-

ßen. Fleisch herausheben und unter Alufolie warm stellen. Bratenfond durch ein Sieb geben, Sultaninen in die Sauce geben, einmal aufkochen, mit Sauerrahm und Mehlbutter binden. Mit Salz, Pfeffer und einer Prise Kümmel nachwürzen.

Reh- oder Hirschrücken

Zubereitung
Reh- bzw. Hirschrücken gut waschen und trocken tupfen. Vorsichtig am Rückgrat entlang einschneiden und vom Knochen lösen (das Fleisch muss am Rippenende am Knochen bleiben). Alles Fleisch gut mit Öl einstreichen. Die Kräuter (ggf. den Knoblauch) und die Wacholderbeeren hacken und gut auf dem Fleisch verteilen. In Pergament einwickeln und über Nacht kühl stellen. Fleisch vor dem Braten mit Salz, Pfeffer und Rosmarin einreiben. Dünne Speckscheiben in die Schnittstellen am Knochen legen, den ganzen Rücken mit Speckscheiben und Zwirn umwickeln, mit Holzstäbchen feststecken. Im Schmortopf im vorgeheizten Ofen (E-Herd: 200 °C/Umluft 175 °C/Gas: Stufe 3) 10 Minuten braten lassen, dann mit ¼ l Rotwein übergießen. Die Temperatur auf 175 °C (150 °C, Gas: Stufe 2) herunterstellen. Je nach Fleischdicke 80–90 Minuten garen lassen, herausheben und unter Alufolie warm stellen. Faden und Speck entfernen, das Fleisch in Scheiben schneiden. Den Bratenfond mit dem restlichen Rotwein ablöschen und durch ein Sieb geben. Mit Salz, Pfeffer und Rosmarin nachwürzen. Mit Mehlbutter etwas andicken.

Zutaten
1 ½–2 kg Reh- oder Hirschrücken (auf dem Knochen)
Kräuteröl
1 Handvoll frische Gartenkräuter nach Geschmack 1 Knoblauchzehe
1 TL Wacholderbeeren
Salz
schwarzer Pfeffer
Rosmarin (Pulver)
250 g hauchdünn geschnittener durchwachsener Speck
ca. ½ l trockener Rotwein
Mehlbutter zum Andicken (Rezept Seite 116)

Zutaten
Pro Person:
250–400 g Fleisch (Rinderfilet, Schweinefilet, Putenfilet)
1 ½–2 l Bratenfett (Pflanzenöl oder Pflanzenfett)
Pfeffer und Salz zum Würzen
Saucen nach Geschmack (fertig gekauft oder selbst gerührt)
frischer Salat nach Geschmack
Mixed Pickles nach Geschmack
Stangenbrot (weiß oder würzig)

Fleischfondue

Zubereitung
Das Fleisch wird in etwa 3 cm große Würfel geschnitten und gut sortiert angerichtet. Die Saucen (siehe unten) werden vorbereitet und in Schälchen auf den Tisch gestellt. Ebenso der Salat und/oder die Mixed Pickles. Das Brot schneidet man in dicke Scheiben. Fetttopf auf dem Rechaud vorsichtig erhitzen. Fondueflesch auf die Gabel spießen und in dem heißen Fett braten. Auf den Teller abstreifen und nach Geschmack würzen und mit den Saucen verzehren. Salat, Mixed Pickles und Brot dazu essen, während die nächsten Fleischstücke garen.

Aioli (Knoblauchsauce)
6–8 Knoblauchzehen durchpressen. Die Masse mit 1 Eigelb verrühren. Nach und nach 250 ml kalt gepresstes Olivenöl dazurühren, bis eine helle Creme entsteht. Mit etwas Zitronensaft, Salz und frisch geriebenem weißen Pfeffer würzen.

Currysauce
250 ml fettarme Mayonnaise mit 1 EL Joghurt, 1 gehäuftem TL Currypulver, 1 Prise Zucker und 1 Prise Salz gut verrühren.

Tomatendip
250 ml fettarme Mayonnaise mit 1 EL Joghurt, 2 EL Tomatenmark, 1 Prise Zucker und 1 Prise Salz gut verrühren. 2 mittelgroße würzige Tomaten häuten, zerschneiden und entkernen. Das Fruchtfleisch sehr

fein hacken und in die Sauce geben. Ein paar frische Basilikumblättchen in feine Streifen schneiden und unterheben.

Bananendip
1 mittelgroße reife Banane mit dem Rührstab zu Mus rühren. 250 g fetten Joghurt und 1 EL Schmand unterrühren. Mit Salz, Pfeffer und einer Prise Chinagewürz (gibt es im Gewürzregal fertig gemischt) abschmecken.

Senfhonigsauce
200 ml saure Sahne, 1 EL Schmand, 1 EL Blütenhonig und 1 EL scharfen Dijonsenf sehr gut verrühren.

Kräuterbutter
125 g Butter mit 1 Handvoll frisch gehackten Gartenkräutern und einer Prise Salz gut verrühren. Nach Geschmack eine frische Knoblauchzehe auspressen und dazugeben. Frisch geschnittene Schnittlauchröllchen darüberstreuen.

Kartoffelsalat (mit Würstchen)

Zutaten
1 kg festkochende Kartoffeln
1 EL Salz
1 EL Kümmel
¼ l Gemüsebrühe (Würfel oder Glas)
4 EL Bratöl
125 g hauchdünner Schinkenspeck
½ Gemüsezwiebel
1 Msp. Zucker
frisch geriebener schwarzer Pfeffer
Saft von ½ Zitrone
1 Bund Schnittlauch
Würstchen nach Geschmack

Zubereitung
Kartoffeln in der Schale kochen, ins Kochwasser Salz und Kümmel geben. Die garen Kartoffeln noch heiß pellen und in Scheiben schneiden. Gemüsebrühe kochen und über die Kartoffelscheiben gießen.
In dem heißen Bratöl den in Streifen geschnittenen Schinkenspeck schnell kross braten und herausheben. Auf Küchenkrepp abtropfen lassen. In demselben Bratöl die in

kleine Würfel geschnittene Zwiebel goldbraun braten, herausheben und auf Küchenkrepp abtropfen lassen. Speck und Zwiebeln zu den Kartoffeln geben. Zucker überstreuen, Pfeffer frisch mahlen, Zitronensaft darüberträufeln, alles einmal gut umheben und 30 Minuten zugedeckt ruhen lassen. Schnittlauch in kleine Stücke schneiden und über den fertigen Salat streuen.

Heiligabend und Silvester essen viele Familien traditionell Kartoffelsalat mit Würstchen. Jede Familie hat ein eigenes Hausrezept für den Kartoffelsalat und eine Vorliebe für eine ganz bestimmte Würstchensorte.

Rotkohl (auf traditionelle Art)

Zutaten
1 kg Rotkohl
100 g Schweineschmalz
1 Gemüsezwiebel
0,7 l Johannisbeersaft (rot)
½ l trockener Rotwein
2 EL dunkler Balsamicoessig
3 EL Johannisbeergelee (rot oder schwarz)
2 mittelgroße Kochäpfel (Boskop oder Cox)
Salz
Kümmel gemahlen

Zubereitung
Rotkohl vom Strunk schneiden und sehr fein hobeln. Schmalz in einem Topf auslassen, die gewürfelte Zwiebel darin goldbraun braten, den Rotkohl dazugeben und anschmoren. Johannisbeersaft und Rotwein aufgießen. 5 Minuten gut durchkochen. Essig und Johannisbeergelee unterrühren, Äpfel klein gewürfelt unterheben. Mit Salz und Kümmel würzen. Bei mittlerer Hitze 40 Minuten mit geschlossenem Deckel köcheln lassen. Häufig umrühren, eventuell noch Johannisbeersaft oder Rotwein nachgießen. Würzig abschmecken.

Grünkohl auf Holsteiner Art

Zubereitung

Grünkohl vom Strunk streifen und gut waschen. Grob zerhacken. In reichlich Salzwasser geben und abkochen, abgießen und kalt spülen. Grünkohl gut ausdrücken und fein hacken. Die gewürfelten Zwiebeln und den gewürfelten Bauchspeck in einem Schmortopf mit Schmalz anbraten. Grünkohl dazugeben und anschmoren. Mit Salz und Pfeffer würzen, mit Fleischbrühe übergießen.

Kasseler und Schweinebacke rundherum in einer Pfanne in Schmalz anbraten, zum Grünkohl in den Topf geben. Bei mittlerer Hitze (E-Herd: 200 °C/Umluft 175 °C/Gas: Stufe 3) 60 Minuten köcheln lassen. Bei Bedarf etwas Fleischbrühe nachgießen. Die Würste dazugeben. Weitere 15 Minuten köcheln lassen. Fleisch und Würste herausheben und warm stellen. Grünkohl mit Salz, Pfeffer, Senf und Zucker sehr würzig abschmecken. Kochflüssigkeit abgießen, Schmalz unter den Grünkohl rühren (Menge nach Geschmack).

In der Zwischenzeit die Kartoffeln in der Schale kochen, pellen und in Butter und Zucker in der Pfanne rundherum karamellisieren. Alles zusammen – Grünkohl, das in Scheiben geschnittene Fleisch, die Würste und die Kartoffeln – auf einer großen Platte anrichten.

Zutaten

2 kg Grünkohl (frisch, nach dem ersten Frost)
250 g scharfe Zwiebeln
250 g geräucherter Bauchspeck
Schmalz zum Anbraten
Salz
Pfeffer
1 l Fleischbrühe
500 g Kasseler im Stück
300 g geräucherte Schweinebacke
4 Kochwürste, Kohlenden oder Lungwürste
1 EL scharfer Senf
1 EL Zucker
Schmalz
1 kg extra kleine Grünkohlkartoffeln
Butter
Puderzucker

Zutaten
1 kg Steckrüben
1 Gemüsezwiebel
250 g Kasseler Bratenfleisch
250 g geräucherte Schweinebacke
500 g mehlige Kartoffeln
500 g Möhren
4 Kochwürste (Kohlwürste, Mettenden)
200 ccm Sahne
Salz
Pfeffer
Zucker
Senf
125 g fetter Speck
2 Schalotten
1 Bund frische Petersilie

Rübenmus

Zubereitung
Steckrüben schälen und in Würfel schneiden. Zusammen mit der gewürfelten Zwiebel in einen Schmortopf geben und mit reichlich Wasser bedecken. Zum Kochen bringen. Kasseler und Schweinebacke im Stück dazugeben und bei mittlerer Hitze 40 Minuten köcheln lassen. Kartoffeln und Möhren schälen, klein schneiden und unter die Steckrüben geben. Die Kochwürste waschen und nach weiteren 10 Minuten dazugeben. Wenn alles Fleisch gar und das Gemüse weich ist (nach etwa weiteren 15 Minuten), wird das Fleisch herausgehoben und unter Alufolie warm gestellt. Den gegarten Steckrübeneintopf gut zerstampfen, Sahne unterrühren, mit Salz, Pfeffer, Zucker und Senf abschmecken. Den fetten Speck und die Schalotten sehr fein würfeln und ausbraten. Unter das Steckrübenmus geben. Den fertigen Eintopf in eine große Schüssel oder auf eine große flache Platte füllen, dick mit frisch gehackter Petersilie überstreuen. Das Fleisch in Scheiben schneiden und zusammen mit den Kohlwürsten dekorativ auf das Mus legen.

Groten Klümp, Klump, Großer Kloß oder Mehlbüdel (im Tuch gekocht)

Zutaten
3 mittelgroße Eier
40 g Butter
40 g Schweineschmalz
40 g Zucker
250 g Weizenmehl
1 Msp. Salz
¼ l Milch

Zur Vorbereitung ein großes Leinentuch (zum Beispiel eine Windel) durch heißes Wasser ziehen. Ausdrücken und in der Mitte mit Mehl ausstreuen.
Einen hohen Topf mit Wasser zum Kochen bringen.

Teig zubereiten:
Eier trennen, Eigelb mit Butter, Schmalz und Zucker schaumig rühren. Mehl und Salz unterrühren, den Teig zu einer glatten Masse schlagen. Eiweiß sehr steif schlagen und nach und nach unterheben.
Den dickflüssigen Teig auf das Tuch geben. Die vier Zipfel über Kreuz zusammenknoten – dabei eine Handbreit Raum lassen, damit sich der Teig ausdehnen kann. Zwei Kochlöffel gekreuzt unter dem Knoten durchstecken. Das Teigbündel mithilfe der Kochlöffel in das kochende Wasser hängen. Der Teig muss mit Wasser bedeckt sein, er darf den Boden des Topfes nicht berühren.
Einmal sprudelnd aufkochen, dann bei mittlerer Hitze halb zugedeckt etwa 1 Stunde garen lassen. Löffel herausziehen, den Kloß im Tuch umdrehen, noch 10 Minuten ziehen lassen.
Herausheben. 5 Minuten in einer Schüssel zugedeckt ruhen lassen. Aus dem Tuch lösen und als Ganzes servieren. In Scheiben aufschneiden.
Anmerkung: Dieser Kloß im Tuch wird in Dithmarschen „Mehlbüdel“ (=Mehlbeutel)

genannt. Man isst ihn alltags auch als Hauptspeise (doppeltes Rezept) in verschiedenen Variationen. Meist gibt man dann eine Schweinebacke in das Kochwasser und streut eine Handvoll Rosinen auf das gemehlte Tuch, bevor der Teig eingefüllt wird. Zum Mehlbeutel isst man Backobstkompott oder eine Fruchtsoße. Die gekochte Schweinebacke wird aufgeschnitten dazu gegessen.

Hefeklöße

Zutaten
400 g Weizenmehl
1 Msp. Salz
abgeriebene Schale einer unbehandelten Zitrone
¼ l Milch
2 mittelgroße Eier
40 g Fett (Butter und/oder Margarine)
1 Würfel frische Hefe
1 geh. TL Zucker
Butter zum Bestreichen

Man isst die Hefeklöße gerne pikant zu Braten oder süß mit einer Fruchtsauce nach Belieben oder mit einem Kompott.

Sämtliche Zutaten zu einem sehr elastischen Hefeteig verarbeiten, gut durchschlagen. Die Hefe wird entweder mit dem Zucker aufgerührt oder in der leicht erwärmten Milch aufgelöst.
Teig warm stellen und 20 Minuten gehen lassen. Erneut gut durchkneten. Teig teilen und 4–6 Klöße daraus rollen. Auf einem bemehlten Brett 10 Minuten abgedeckt aufgehen lassen.

Es gibt vier Zubereitungsmöglichkeiten:

Hefeklöße abgekocht
Reichlich Salzwasser zum Kochen bringen, die Klöße in das Wasser geben und bei mittlerer Hitze 20–30 Minuten gar ziehen lassen. Herausheben, etwas ausdampfen lassen. Mit flüssiger Butter bepinseln oder übergießen.

Hefeklöße gedämpft
Ein großes Leinentuch (z. B. eine Windel) durch heißes Wasser ziehen, in der Mitte mit Mehl ausstreuen, über einen großen Topf

mit Wasser spannen und festbinden. Wasser zum Kochen bringen. Die Hefeklöße auf das gemehlte Tuch legen, mit flüssiger Butter bestreichen. Topfdeckel auflegen. Die Klöße über köchelndem Wasser bei mittlerer Hitze 30–40 Minuten garen lassen. Herausheben, 5 Minuten ausdampfen lassen. Mit flüssiger Butter bepinseln oder übergießen.

Hefeklöße gebraten
Die vorbereiteten Hefeklöße teilen und kleiner rollen und kurz gehen lassen. Währenddessen einen Fett-Topf (Friteuse) vorbereiten oder reichlich Ausbackfett in einer hohen Pfanne erhitzen. (Vorsicht, nicht dampfen und bräunen lassen). Hefeklöße in dem Ausbackfett oder in der Pfanne 10–15 Minuten bei mittlerer Hitze rundherum braten, bis sie goldbraun und gar sind. Herausheben, gut abtropfen lassen. Mit Butter überpinseln.

Hefeklöße gebacken
Backofen vorheizen (E-Herd: 200 °C/Umluft 175 °C, Gas: Stufe 3). Eine Auflaufform ausbuttern, die Hefeklöße einsetzen und mit flüssiger Butter übergießen. In den Ofen stellen, 40–50 Minuten backen. Herausheben, in der Form belassen, mit Butter überpinseln.
Variante: die Auflaufform wird mit dünnen Speckscheiben ausgelegt, die Klöße werden ebenfalls mit Speck belegt und auf dem Speck gegart.

Kartoffelklöße

Zutaten
2 kg mehlige Kartoffeln
1 mittelgroßes Ei
1 Eigelb
Salz
Pfeffer
Muskat gerieben
40 g Hartweizengrieß
20 g Kartoffelmehl

Tipp
Will man sichergehen, dass die Klöße weder zu fest noch zu weich sind (Kartoffeln haben ja einen unterschiedlichen Stärkegehalt), dann kocht man erst einen Probekloß. Wird er zu fest, dann gibt man ein wenig Wasser zum Teig. Wird er zu weich, dann gibt man noch etwas Kartoffelmehl dazu.

Zubereitung
1 kg Kartoffeln am Vortag in der Schale kochen, abkühlen lassen. Am nächsten Tag pellen und zerstampfen oder durch die feine Scheibe vom Fleischwolf geben.
1 kg rohe Kartoffeln schälen und fein reiben. In einem Küchentuch auspressen. Zu dem gekochten Kartoffelmus geben. Die restlichen Zutaten unterrühren. Teig gut durcharbeiten.
Klöße formen und in kochendes Salzwasser einsetzen. Temperatur herunterschalten. 10 Minuten mit halb geöffnetem Topfdeckel köcheln lassen. Herausheben, 5 Minuten ausdampfen lassen.

Speckendicken (dicke herzhafte Eierkuchen oder Waffeln)

Zutaten
500 g Buchweizenmehl
100 g Zucker
½ Päckchen Backpulver
1 TL Anis gemahlen
1 TL Kardamom gemahlen
1 Prise Salz
125 g dunkler Zuckerrübensirup
3 mittelgroße Eier
½ l Milch
200 g geräucherter Bauchspeck in hauchdünnen Scheiben
200 g luftgetrocknete Mettwurst in dünnen Scheiben
Fett für das Waffeleisen
Zugabe: Obstkompott, evtl. Zuckerrübensirup

Zubereitung
Mehl, Zucker, Backpulver und Gewürze mischen. Zuckersirup, Eier und Milch dazugeben, kräftig durchschlagen. Den dickflüssigen Teig über Nacht kühl stellen und ruhen lassen.
Eisen für dicke Waffeln ausfetten. Teig erneut durchrühren. Speckscheiben im Eisen verteilen, mit dem Esslöffel Teig einfüllen, mit Mettwurst belegen (Menge nach Geschmack). Beidseitig braun backen, sofort herausheben. Speckendicken noch warm essen. Als Zugabe schmeckt Obstkompott. Man

kann auch noch Zuckerrübensirup über die Speckendicken geben.
Speckendicken werden am Silvestermittag warm gegessen, als Reste auch an den Folgetagen kalt. Sie sind eine Spezialität in Ostfriesland.

Weihnachtlicher Reisbrei (Mandelreis)

Zutaten
1 l Milch
1 Prise Salz
abgeriebene Schale von 1 unbehandelten Zitrone
25 g Butter
200 g Milchreis
2 mittelgroße Eier
50 g Zucker
200 ccm süße Sahne
Butter
Zimt und Zucker
evtl. 1 Mandel (geschält)

Zubereitung
Milch mit Salz, Zitronenschale und Butter zum Kochen bringen. Milchreis dazugeben und unter ständigem Rühren aufkochen. Bei geringer Hitze 20 Minuten ausquellen lassen. Häufiger umrühren. Vom Herd nehmen und etwas abkühlen lassen. Eier mit Zucker sehr schaumig schlagen. Den Reisbrei nach und nach unterrühren. Sahne steif schlagen und unterheben. In einer feuerfesten Form im Ofen bei mittlerer Hitze 15 Minuten überbacken. Mit Butterstückchen belegen und mit Zimt und Zucker überstreuen. Heiß servieren.
Im Norden Schleswig-Holsteins und in Süddänemark wird dieser Reisbrei Heiligabend gegessen – dann wird darin eine ganze Mandel versteckt, für die der Finder ein sogenanntes Mandelgeschenk (eine Kleinigkeit) erhält.

Bratapfel

Zutaten

Pro Person:
1 mittelgroßer Apfel (Boskop oder Cox Orange oder Holsteiner Cox)
4 geschälte Mandeln
1 TL Sultaninen
1 TL kleiner brauner Kandiszucker (nach Belieben auch/oder Walnüsse, Paranüsse, Haselnüsse)
1 TL Johannisbeergelee
1 walnussgroßes Stück Marzipan-Rohmasse
1 TL Butter für den Apfel
Butter zum Ausstreichen der Form
(nach Belieben 1 TL Rum)
Zugaben:
Vanilleeis, Schlagsahne, Vanillesauce, Rumtopf (selbst angesetzt oder gekauft)

Zubereitung

Bratapfel in der Schale lassen, mit einem Apfelausstecher die Mitte (das Kerngehäuse, die Blume, den Stiel) ausstechen – dabei das ganze Kerngehäuse gut ausbohren. Apfel in eine feuerfeste, mit Butter ausgestrichene Form setzen (die breite Seite nach unten). Das Loch sehr dicht ausfüllen mit allen Zutaten in der angegebenen Reihenfolge – am Boden eine Mandel, Butter als letztes obenauf setzen. Im vorgeheizten Backofen (E-Herd: 200 °C/Umluft 175 °C/Gas: Stufe 3) 15–25 Minuten garen lassen (je nach Apfelsorte, der Apfel muss weich sein, die Haut platzt auf). Nach Belieben den Rum über den heißen Apfel träufeln.

Heiß servieren. Nach Wunsch Vanilleeis und/oder Schlagsahne dazugeben. Zum Bratapfel schmeckt auch kalte Vanillesauce. Rumtopf ist eine leckere Ergänzung.

Getränke

Weihnachts-Punsch (Jul-Glögg)

Zutaten
1 Flasche Rotwein (0,75 l)
½ l Fliederbeersaft
Saft von 1 Zitrone
Saft von 1 Orange
125 g brauner Kandiszucker
1 Stange Kaneel (Zimtstange)
5 Gewürznelken
3 Sternanis
1 kleines Stück frischer Ingwer
125 g gehobelte Mandeln
125 g Sultaninen
¼ l Rum

(für 4–6 Personen)

Zubereitung
Rotwein mit Fliederbeersaft, Zitronensaft, Orangensaft, dem Zucker und den Gewürzen zum Kochen bringen. Auf niedriger Flamme zugedeckt 5 Minuten ziehen lassen. Durch ein Sieb geben. Die Mandeln und die gewaschenen Sultaninen dazugeben. 5 Minuten ziehen lassen. Rum in den heißen Punsch geben, heiß servieren.
Für den Weihnachts-Punsch – dänisch Jul-Glögg – gibt es viele verschiedene Rezepte, Varianten mit allen möglichen roten Säften und Gewürzmischungen.

Friesen-Punsch

Zutaten
6 Orangen (unbehandelt)
2 Zitronen (unbehandelt)
1 Vanillestange
1 große Stange Kaneel (Zimtstange)
10 Gewürznelken
250 g Zucker
½ l Wasser
6 geh. TL schwarzer Tee (Assam oder Darjeeling)
1 Flasche Rum (0,75 l)

(für 4–6 Personen)

Zubereitung
Die Schalen der Orangen und Zitronen hauchdünn abschälen. Zusammen mit den Gewürzen und dem Zucker in dem Wasser aufkochen und 5 Minuten ziehen lassen. Den Tee und den Saft aller Früchte dazugeben, weitere 5 Minuten ziehen lassen. Durch ein feines Sieb oder Tuch geben und mit dem Rum noch einmal erhitzen. Nicht kochen. Auf Flaschen ziehen. Dieser Punsch-Extrakt wird wie beim Grog in ein Glas gegeben – Menge nach Geschmack – und mit kochendem Wasser aufgegossen. Nach Belieben nachsüßen. Heiß trinken. Der Extrakt kann gut verschlossen in Flaschen 6–8 Wochen als Reserve weggestellt werden.

Warmbier

Zutaten
Pro Person:
1 Flasche Malzbier
1 kleine Stange Kaneel (Zimtstange)
abgeriebene Schale von 1 unbehandelten Zitrone
2 Eigelb (mittelgroße Eier)
1 EL Zucker

Zubereitung
Bier mit den Gewürzen zum Kochen bringen, 5 Minuten zugedeckt ziehen lassen, durch ein Sieb geben. Eigelb mit Zucker sehr schaumig schlagen, unter ständigem Rühren unter das Bier geben. Heiß trinken.
Kleine Zwiebäcke oder Pfeffernüsse, auch braune Kuchen werden dazu gegessen.
Warmbier wird regional auch mit hellem Bier gekocht, der Geschmack ist dann herber.

Eier-Grog (warmer Hoppel-Poppel)

Zutaten
Pro Person:
1 Eigelb (mittelgroßes Ei)
1 gestr. EL Zucker
4 cl Rum
nach Belieben flüssige Sahne und Muskat

Zubereitung
Eigelb und Zucker sehr schaumig schlagen, in ein Grogglas geben, Rum dazugießen, mit kochendem Wasser unter Rühren vorsichtig auffüllen. Heiß trinken.
Hoppel-Poppel, der Eier-Grog (regional auch Eier-Punsch genannt), wird regional unterschiedlich zubereitet. Mancher gibt in das Glas noch einen Schuss Sahne, man kann auch etwas Muskatnuss darüberreiben.

Zutaten
Honigkuchen (nach Geschmack Zwieback oder geröstetes Brot)
Schnaps (klarer Korn, Cognac, Rum)
Kandiszucker
Rosinen
gehackte Mandeln oder Nüsse

Branntweinkaltschale

Das ist ein Rezept, das „nach Gefühl" und nach Erfahrung – meist nach einer eigenen Hausregel – und nach Menge der zu erwartenden Gäste zubereitet wird.

Zubereitung
In eine große flache Schale gibt man mindestens eine Handvoll zerkrümelten Honigkuchen, Zwieback oder geröstetes Brot (wenn viele Gäste erwartet werden, muss die Menge so groß sein, dass jeder Gast einen Löffel voll Branntweinkaltschale erhält. Oder das Maß für ein Glas). Dann gießt man so viel Schnaps darüber, bis der Teig ganz vollgesogen ist. Kandiszucker, Rosinen und Mandeln (oder Nüsse) im geschmacklich guten Verhältnis unterheben. Die Schale zudecken und über Nacht die Masse durchziehen lassen. Am nächsten Tag muss man evtl. noch Schnaps dazugeben, es passt vom Geschmack her auch etwas Weißwein. Wichtig ist, dass der „Brei" feucht ist.

Dieses ist der niedersächsische Willkommenstrunk zu Weihnachten, Neujahr und anderen großen Festen. Er ähnelt der ostfriesischen „Siehnbohnensopp". Man lud früher auch in den Weihnachtstagen dazu ein und servierte den inhaltsreichen Trunk – der eigentlich ein Brei ist – aus dem runden Zinnlöffel. Nur als Begrüßungs„getränk". Branntweinkaltschale oder Sienbohnensopp kann man – modern – auch als Longdrink servieren. Dazu füllt man die gehaltvolle Masse – Menge nach Geschmack – in ein hohes Glas und gießt sie mit Sekt auf.

Bischof (kalte Bischofsbowle)

Zutaten
3–4 unbehandelte Orangen
3–5 bittere Pomeranzen (getrocknet, zerhackt – erhältlich in der Apotheke)
1 große Stange Kaneel (Zimtstange)
125 g Zucker (in ¼ l Wasser zu Zuckersirup gekocht)
1 Flasche Burgunder oder Bordeaux (0,75 l)

(für 4–6 Personen)

Zubereitung
Zucker im Wasser auf kleiner Flamme (ohne Topfdeckel) in 5–10 Minuten zu einem dicklichen, hellen Zuckersirup verkochen), abkühlen lassen.
Orangenschalen und -saft mit den zerhackten Pomeranzen und der Stange Kaneel vermischen, den Zuckersirup unterrühren. Mit dem Rotwein aufgießen.
3–4 Stunden ziehen lassen, durch ein Sieb geben, kühl servieren.

Früher hatte jedes Haus ein eigenes Rezept für die Bischofsbowle. Wichtig sind der Rotwein und der Pomeranzen-Kaneel-Geschmack. Ob man Zucker als Sirup dazugibt, ist Geschmackssache. Die Orangen machen den Geschmack fruchtiger.
Man servierte früher die Bischofsbowle in ganz speziellen Gefäßen aus wunderschöner regionaler Keramik und in besonderen Formen – es gab beispielsweise die Mitra, einen sitzenden Bischof, sogar eine Bowle in Schiffsform (diese Gefäße sind alle in den Museen des Landes zu bewundern). In der Literatur wird „der Bischof" viel erwähnt – beispielsweise bei Thomas Mann, Theodor Storm, Johann Heinrich Voss. Es gab im 18./19. Jahrhundert auch „Bischofsbowlen-Trinkgesellschaften".

Zutaten
¾ l naturtrüber Apfelsaft
¼ l Hollerblütensirup
1 Flasche trockener Weißwein
125 g Zucker
2 Beutel Glühweingewürz
nach Belieben Mandelstifte und Rosinen

(für 8–10 Portionen)

Glühwein weiß

Zubereitung
Alle Zutaten zum Kochen bringen, 10 Minuten ziehen lassen, Glühweingewürzbeutel entfernen. Evtl. Mandelstifte und Rosinen mitziehen lassen.

Zutaten
¾ l schwarzer Johannisbeersaft
¼ l Himbeersirup
1 Flasche herber Rotwein
100 g Zucker
2 Beutel Glühweingewürz
nach Belieben Mandelstifte und Rosinen

(für 8–10 Personen)

Glühwein rot

Zubereitung
Alle Zutaten zum Kochen bringen, 10 Minuten ziehen lassen, Glühweingewürzbeutel entfernen. Evtl. Mandelstifte und Rosinen mitziehen lassen.

Zutaten
1 Flasche herber Rotwein
¼ l klarer Korn
150 g Zucker
2 Stangen Kaneel (Zimt)
1 daumengroßes Stück frische Ingwerwurzel, geschält
10 Nelken
4 Sternanis
100 g Rosinen (über Nacht in Rum eingelegt)
100 g Mandelstifte
100 g getrocknete Feigen, klein gewürfelt

(für 4–6 Personen)

Glögg

Zubereitung
Rotwein, Korn, Zucker und Gewürze zum Kochen bringen. 30 Minuten ziehen lassen. Durchsieben, Rosinen, Mandelstifte und Feigen in den Glögg geben. Heiß servieren.

Bremer Rotwein-Punsch

Zutaten
2 Flaschen Bordeaux
½ l Rum
¼ l Wasser
200 g Zucker
Saft von 4 Orangen
Saft von 1 Zitrone
2 Stangen Kaneel (Zimt)
10 Nelken
2 Sternanis

(für 6–8 Personen)

Zubereitung
Alle Zutaten zum Kochen bringen, 30 Minuten ziehen lassen, durch ein feines Sieb geben, heiß servieren.

Fliederbeer-Punsch (alkoholfrei)

Zutaten
1 l klarer Apfelsaft
½ l Fliederbeersaft
⅛ l Sauerkirschsaft
2 EL Blütenhonig
1 Päckchen Vanillezucker
2 Stangen Kaneel (Zimtstangen)
2 Sternanis
Schale von 1 unbehandelten Zitrone
1 mittelgroßer Apfel, in kleine Würfel geschnitten

(für 20 Punschbecher)

Zubereitung
Alle Zutaten in einen Topf geben, langsam erhitzen (nicht kochen lassen), 10 Minuten bei kleiner Hitze ziehen lassen. Heiß servieren.

Feuerzangenbowle

Zutaten
3 Flaschen (0,7 l) trockener Rotwein (Spätburgunder, Merlot o. a.)
½ l frisch ausgepresster Orangensaft
Schale von 2 unbehandelten Orangen
Schale von 1 unbehandelten Zitrone
3 Stangen Kaneel (Zimtstangen)
6 Gewürznelken
4 Sternanis
1 Zuckerhut
1 Flasche Rum (1 l, 54 %)

(für 8–10 Personen)

Für die Feuerzangenbowle braucht man ein großes Gefäß auf einem Rechaud und eine Feuerzange für den Zuckerhut – die ganze Gerätschaft ist komplett zu kaufen. Man kann aber auch ein Fondue-Set benutzen und mit einer Feuerzange ausstatten – wichtig ist dabei, dass der Topf groß und hoch genug ist.
Feuerzangenbowle trinkt man in größerer Gruppe – das Rezept ist daher für 8–10 Personen berechnet.

Zubereitung
Rotwein, Orangensaft, die hauchdünn abgeschälten Orangen- und Zitronenschalen und die Gewürze in einen hohen Topf geben. Vorsichtig erhitzen (nicht kochen) und 10 Minuten ziehen lassen. Durch ein Sieb geben und erneut erhitzen. Rumflasche währenddessen in einem Krug mit heißem Wasser erwärmen. Eine Feuerzange mit dem Zuckerhut auf den Topf legen, mit etwas Rum beträufeln. Etwas Rum in eine Schöpfkelle gießen, mit einem Streichholz anzünden und langsam brennend über den Zuckerhut geben. Nach und nach den gesamten Rum so über den Zucker gießen, dabei schmilzt der Zuckerhut und tropft in den Rotwein. (Vorsicht – die Öffnung der Rumflasche darf niemals in die Nähe der Flamme kommen). Wenn der Zuckerhut geschmolzen ist, wird die Bowle einmal umgerührt und in Punsch- oder Groggläsern serviert.

Geschichte des köstlichen Marzipans

Das Schlaraffenland-Lied

Fängt es im Winter zu schneien an
So schneit es nichts als Marzipan
Rosinen auch und Mandeln
Und wer die gerne knabbern mag
Der hat einen guten Handel.

(nach Hans Sachs, 1494–1576)

Weihnachten ohne Marzipan – das geht nicht. Wenn auch heute Marzipan das ganze Jahr hindurch in immer neuen köstlichen Varianten zu haben ist, so schmeckt es doch nie besser als zur Winter- und Weihnachtszeit. Wenn Kerzen brennen und das Holz im Kamin knistert, wenn es nach Weihnachtspunsch riecht, nach Bratapfel und braunen Plätzchen, wenn kinderselige Musik erklingt, dann ist Marzipan die süßeste aller Versuchungen. Auch auf jedem „bunten Teller". Selten wird Marzipan heute noch hausgemacht, denn so gut wie die Lübecker oder die Königsberger kann es ohnehin keiner. Seit dem ausgehenden 18. Jahrhundert gab es in allen „Man nehme"-Schriften zwar kluge Anweisungen, „Marcepan" zu kochen. Das war schwere, zeitraubende Handarbeit – da mussten die Mandeln enthülst und sorgsam im Mörser „gerieben" werden. Auch harter Hutzucker musste zu Puder gemörsert werden. Ein Kunststück ohnegleichen war es, in kupfernen Pfannen das Mandel-Zucker-Gemisch zu rösten, auf den Punkt genau. Nach dem Abkühlen kam noch mehr puderfeiner Zucker unter die klebrige Masse – erst dann ging es ans Ausformen mit der Hand oder mit Modeln und später ans „Schmücken", also Bemalen.

Wer hat heute soviel Ausdauer – und die besten aller Mandeln und die Kupferpfannen zum Rösten mit hauchfeinem Zucker. Und wer kennt das kleine Niederegger-Geheimnis für den einzigartigen Geschmack, das fest

Einen Zuckerbäcker, einen historischen Konditor, zeigt dieser kolorierte Kupferstich von Martin Engelbrecht, um 1730 entstanden. Viele alte Berufe wie dieser finden sich, samt informativen Texten unter den Stichen, in seinem Buch „Künstler, Handwerker und Professionen".

Marzipanschloss

Ich wünsch mir was!
Was ist denn das?
Das ist ein Schloss aus Marzipan
Mit Türmen aus Rosinen dran
Und Mandeln an den Ecken.
Ganz zuckersüß und braungebrannt
Und jede Wand aus Zuckerkant –
Da kann man tüchtig schlecken!
Und Diener laufen hin und her
Mit Saft und Marmelade,
und drinnen in dem Schlosse drin,
sitzt meine Frau, die Königin –
die ist aus Schokolade!

(Verfasser unbekannt)

verschlossen im Familienschrank liegt ... Wenn man heute also Marzipanfiguren oder die Marzipantorte (Alt-Lübecker Art) selber machen will, dann greift man zu vorgefertigter Masse und zu sorgsam ausgerollten Marzipanplatten, die man fertig kauft. Dann gelingen auch der Weihnachtsbäckerin Marzipan-Meisterwerke.

„Fängt es im Winter zu schneien an, so schneit es nichts als Marzipan" – so singen die Kleinen mit Begeisterung im „Schlaraffenland-Lied", und mit Vorfreude lernen sie auch das herrliche volkstümliche Wunschgedicht vom Marzipanschloss.

Die süße Köstlichkeit hat eine lange Geschichte – sie beginnt weit, bevor die Lübecker zu den weltbesten Marzipan-Bäckern wurden! Schon im ersten Jahrtausend unserer Zeitrechnung genossen die Chinesen die „Speise der drei himmlischen Köstlichkeiten". Über den Orient gelangte das „China-Brot" als heilsames Apotheker-Konfekt nach Italien, erhielt dort im 13. Jahrhundert seinen arabischen Namen (Mauthaban von der Verpackung, der Schachtel, wurde zu Mazaban) und ging um die ganze weite Welt. Auch nach Lübeck. Nein, die romantische Sage von der großen Hungersnot und der Erfindung des Marzipans an der Trave stimmt nicht. Es stimmt ja, dass um 1407 in der Hansestadt eine Hungersnot wütete, dass es keine Getreidevorräte gab. Aber dass der Senat, wie es heißt, die in den Speichern lagernden Mandelvorräte mahlen und daraus Brot „backen" ließ, das ist eine der schönen Geschichten, die man sich überall in den Hafenstädten erzählt, in denen Marzipan aus dem Orient früh als Handelsware angelandet wurde. Legenden sind süße Märchen. In den großen Handelsstädten des 15. Jahrhunderts – in Lübeck, Hamburg, Bremen und Königsberg – handelte man einfach frühzeitig mit der kostbaren Ware, die europäischen Fürstenhöfe ließen sich große Dekorationen und die herrlichsten Stücke und Speisen daraus zaubern. Seit dem 16. Jahrhundert gibt es Marzi-

Der Konfektbäcker und Konditor Johann Georg Niederegger (1777–1856) übernahm 1806 die „Conditorey Maret" in Lübeck und begründete damit das Traditionsunternehmen Niederegger in der Hansestadt.

Das Lübecker Marzipan wird gerne auch als Holstentor ausgemodelt.

panbäcker in der Zunft, und bei den Hansetagen in Lübeck reichte man 1598 zum ersten Mal ausgemodeltes Rautenmarzipan – die ersten Marzipanbrote also. Viel geschah danach in der Hansestadt, bis 1806 der junge Konditorgeselle Johann Georg Niederegger die „Conditorey" seines verstorbenen Lehrherrn Maret übernahm und damit den Grundstein für das bis heute weltweit bedeutende Unternehmen legte. Wahrlich köstliche Geschichten lassen sich da erzählen – von den Gänsen für den Zarenhof, den Jubeleiern zum Jubiläum, den prächtigen Torten mit den Lübecker Ansichten und von aller weltweiten Prominenz, die der Mandelmasse verfallen war und ist. Tannenbaum- und Tellerkonfekt, wie von Theodor Storm und Thomas Mann wort- und bildreich beschrieben, die roten Herzen und die kleinen Marzipanbrote in allen Variationen – das sind seit Generationen die größten „Renner". Aber längst war man erfindungsreich und hat immer neue Produkte entwickelt. Jedes Jahr auch immer wieder neu für die Weihnachtszeit.

Zutaten
Mürbeteig:
175 g Weizenmehl
75 g Zucker
100 g Butter
1 mittelgroßes Ei

Biskuitboden:
3 mittelgroße Eier
3 EL Wasser
1 Prise Salz
150 g Zucker
60 g Weizenmehl
60 g Stärkemehl
abgeriebene Schale von 1 unbehandelten Zitrone
1 gestr. TL Backpulver

Füllung:
Himbeermarmelade zum Bestreichen
100 g Walnüsse oder Mandeln
1 EL Puderzucker
1 l Sahne
100 g Gelierzucker
2 Päckchen Vanillezucker
500 g Marzipan-Rohmasse oder eine fertige Marzipan-Teigdecke

Puderzucker zum Ausrollen
Sahne, Haselnüsse, Mandeln oder Walnüsse zum Schmücken

Rezept Marzipantorte (Alt-Lübecker Art)

Zubereitung
Mürbeteig:
Alle Zutaten zu einem Mürbeteig verkneten, Kugel formen, eine Stunde kühl stellen. Auf wenig Mehl dünn ausrollen, Teigplatte für eine 28-cm-Springform schneiden, auf Backtrennpapier legen und mit der Gabel in der ganzen Fläche einstechen. In der Backform im vorgeheizten Ofen (E-Herd: 200 °C/Umluft 175 °C/Gas: Stufe 3) 15–20 Minuten backen, herausheben und auskühlen lassen.

Biskuitteig:
Eier trennen, Eiweiß mit Wasser und Salz sehr steif schlagen. Zucker einrieseln lassen und erneut kurz schlagen. Eigelb unterheben. Mehl, Backpulver und Zitronenschale mischen, auf die Eimasse geben und vorsichtig unterheben. Boden einer Springform (28 cm Ø) mit Backpapier auslegen. Teigmasse in die Form füllen, glatt streichen, im vorgeheizten Backofen (E-Herd: 200 °C/Umluft 175 °C/Gas: Stufe 3) 20–25 Minuten backen. Herausheben und auskühlen lassen.

Aufbau und Füllen der Torte:
Mürbeteigboden mit der Himbeermarmelade dünn bestreichen. Biskuittorte zweimal waagerecht durchschneiden, den ersten Boden auf die Himbeermarmelade legen.
Walnüsse oder Mandeln mit dem Puderzucker in einer Pfanne kurz anrösten. Schnell herausheben, auskühlen lassen und mahlen.
Sahne mit Gelier- und Vanillezucker sehr

steif schlagen. Die gemahlenen Walnüsse oder Mandeln unterheben.
Einen Teil der Sahnemischung daumendick auf den ersten Biskuitboden streichen. Den zweiten Boden daraufsetzen. Sahne daumendick darauf verteilen. Den dritten Biskuitboden daraufsetzen. Torte rundherum mit Sahne bestreichen (es muss ein Rest für das Dekor übrig bleiben). Im Tortenring oder in einer Springform 1–2 Stunden kühl stellen.
Marzipandecke auf Puderzucker ausbreiten und leicht ausrollen oder aus der Marzipan-Rohmasse mit Puderzucker eine Decke ausrollen. Über den Tortenaufbau legen und an den Rändern gut andrücken. 16 Tupfer aus steif geschlagener Sahne aufsetzen, Haselnüsse, Mandeln oder Walnüsse zum Schmuck auf die Sahnetupfer setzen. Torte kühl stellen.

Das berühmte Vorbild, die Marzipantorte von Niederegger in Lübeck.

Geschenke erfreuen jeden

Mit diesem Weihnachtswunschbrief aus dem Jahr 1864 schenkt ein Kind seinen Eltern Verse und seine guten Wünsche – so war es damals Brauch. In schönster Schrift wurde der Text in das prachtvolle vorgedruckte Rahmenwerk geschrieben.

Da hat man als kleiner Knirps einen tollen Wunschzettel gemalt und geschrieben und ihn sogar „An den Weihnachtsmann“ adressiert – und nun steht Heiligabend tatsächlich ein Rauschebart-Mann in der Tür und möchte auch noch ein Gedicht von dem artigen Kind hören. Einen großen Sack und eine Rute hat er dabei. Wenn alles gut geht, dann holt er sogar das Gewünschte hervor. Also – gibt es ihn vielleicht doch, den Weihnachtsmann, der alle Wünsche weiß und erfüllt? In unserer Zeit ist es schwer, die lieben Kleinen von dem großen Gabenbringer zu überzeugen. Die größeren Kinder wissen es ohnehin besser ...

Nun muss man aber bedenken, dass es ja ganz andere Zeiten gab, als viel Not herrschte, als es noch nicht üblich war, so viel zu schenken wie heute. Vor allem verschenkte man nützliche Dinge – und weit seltener und weniger als heute. Schenken, den Armen und Abhängigen Geschenke zu geben – das ist alter Brauch. In der Winter- und Weihnachtszeit waren es viele nützliche Dinge, da wurden Mützen gestrickt und der dicke Schal und warme Handschuhe und Socken. Da gab es für die jungen Mädchen Stoffballen für die Aussteuer und neue Schürzen und für die jungen Leute eine neue Büx, also eine Hose und Warmes zum Anziehen. Arme Familien versorgte man mit einem Braten und mit leckerem Weihnachtsbrot. Man schenkte Zweige, die mit Früchten und Zuckerzeug geschmückt waren, sogar

Immer wurden Weihnachten auch die Armen bedacht – so wie es auf der 1862 entstandenen Lithografie „Die Wohltätigkeit“ nach einer Zeichnung von Johann Bernhard Schmelzer zu sehen ist.

kleine Gabenbäume und Apfel-Gestelle wie den schlesischen „Putzapfel“. In wohlhabenden Familien in den Städten und auf den Gütern gab es in den Weihnachtstagen die „Armenbescherung“, die Pastoren halfen, die Familien zusammenzubringen. Aber man half auch ganz anonym den Menschen in Not – so handelte man als Christenmensch, wie die Hirten und die drei Könige im Stall von Bethlehem, sagte man dann. Zuweilen ging es auch um Lohn, denn Menschen, die im Dienst standen, erhielten an festen Ta-

Dieser Hamburger Weihnachtstaler aus der Mitte des 17. Jahrhunderts ist aus Silber und hat fast sechs Zentimeter Durchmesser. Dargestellt ist die Geburt Christi mit Maria und Josef, Ochs und Esel. Solche Taler wurden zu Weihnachten zum Beispiel an gute Freunde, Verwandte und Patenkinder verschenkt.

gen – Weihnachten und der Jahreswechsel gehörten dazu – Naturalien als Bezahlung, Kleidung oder Nahrung. Auf dem Lande bezahlte man oft mit den Produkten, mit der Ernte des Hofes. Wichtige Gabenbringer waren die Paten – sie beschenkten zu Weihnachten oder zum Neujahr ihre Patenkinder mit einem „Patenapfel“, in dem dann ein Taler steckte, oder auch mit Figurengebäck und einem großzügigen Talergeschenk.

Seit der Reformation kam es auf, Kinder extra zu beschenken. Der katholische Heilige Nikolaus sollte als Gabenbringer verdrängt werden, so dachten sich die Reformer das meist unsichtbare Christkind aus, das regionale Namen erhielt – wie „Klinggeest“, also Klingel-Geist in Hamburg, wie „Kindjees“ oder „Kenken“, also Kind-Jesus oder Kindchen bei den Nordfriesen. Es gab noch viele andere Figuren im Norden. Sie alle brachten viel weltliche Geschenke-Freude. Die Kirchen-Pädagogen ersannen sich auch erzieherische Rituale und sorgten so für „artige Kinder“, die dann zu Recht beschenkt wurden. Weihnachtsmärkte und eine ganze Spielzeugindustrie entstanden und machten die Geschenke immer mehr zu einem wichtigen Bestandteil des Weihnachtsfestes.

Als in biedermeierlichen Zeiten das Familienleben seinen eigenen Wert bekam, begann man, die Kinder mit Spielzeug und Zuckerzeug richtig zu verwöhnen, und erfreute sich an ihrer Freude. „Morgen, Kinder, wird's was geben ...“ sangen die Kleinen und träumten sich in ihr Kinder-Wunderland mit Eisenbahn und Zinnsoldaten, mit Krippe und Pup-

Fröhliches Staunen im Jugendstilsalon einer Puppenstube. Ein reich geschmückter Weihnachtsbaum und viele Präsente lassen Wohlstand erkennen. In Elke Dröschers Puppenmuseum in Hamburg können Sie weitere Exponate besichtigen.

penhaus. Sie stellten den Bunten Teller unter den Kamin und die Schuhe ans Fenster, hängten auch Strümpfe auf und hofften: „Kindjees bring mi wat.“ Manchmal waren es „nur“ bunte Bildchen – aber was war das schön! Alle Jahre wieder war das meiste Spielzeug über den Sommer verschwunden, der kranke Teddy und das kaputte Schaukelpferd, der Kaufmannsladen und das Spielebrett. Auf wundersame Weise tauchte solches frisch gestrichen und heil gemacht unter dem Baum auf. Auch das neue Kleidchen und der gewünschte Pullover, die man zuvor schon mal mit verbundenen Augen hatte anprobieren müssen. Vater und Mutter hatten fleißig gewerkelt. Sie wiederum beschenkte man als Kind mit schön gemalten Bildern und fein geschriebenen Versen. Da-

Ein Schaukelpferdchen für kleine Reiter machte und macht alle Jahre wieder kleine Kinder froh.

Lieblingstier zum Schmusen und Spielen für alle Kinder: der eigene Teddy.

für gab es ab Mitte des 19. Jahrhunderts vorgedruckte, schmuckreiche Bögen, in die die Kinder herzliche Verse für ihre Eltern hineinschrieben, dankbare Grüße und gute Wünsche für das neue Jahr und viele, viele Versprechen. Wer als Kind ganz geschickt war, schnitt selbst Verzierungen ins Papier oder bastelte einen Stern.

Wie klein oder groß der Gabentisch und die Geschenke auch waren: Die Freude am Schenken und das große Glück, liebevoll beschenkt zu werden, waren und sind überall das Wesentliche.

Hier einige Anregungen für kulinarische Mitbringsel und Geschenke:

Zum Selbermachen für sich und andere

Weihnachtsbrötchen
(als Baum oder als Stern gelegt)

Zutaten
500 g Weizenmehl
250 g Magerquark
40 g Fett (halb Margarine, halb Butter)
50 g Zucker
1 Würfel frische Hefe oder 1 Päckchen Trockenhefe
⅛ l Milch
1 gestr. TL Pfefferkuchengewürz
1 Msp. Salz

Zum Bestreichen:
1 Eigelb
1 EL Milch
Zuckerguss
Schmuck nach Belieben (Kirschen, Sukkade, Krokant, Zuckerperlen)

Zubereitung
Aus den Zutaten einen geschmeidigen Teig kneten. Warm stellen und zugedeckt gehen lassen. Erneut durchkneten. Eine lange Rolle formen, diese in 16, 22 oder 24 Stücke schneiden. Zu gleichmäßig großen Teigbällchen rollen. Auf ein mit Backtrennpapier ausgelegtes Blech aus den Kugeln einen Weihnachtsbaum (mit 16 oder 22 „Kugeln") oder einen Stern (mit 24 „Kugeln") legen. Wenig Abstand zwischen den einzelnen Brötchen lassen. Jedes Brötchen in der Mitte mit einem Kreuz einschneiden. Eigelb mit Milch verrühren, die Brötchen damit abstreichen. 20 Minuten gehen lassen. Im vorgeheizten Ofen (E-Herd: 200 °C/Umluft 175 °C/Gas: Stufe 3) 25–30 Minuten backen. Herausheben, als ganzes „Bild" unter einem Tuch auf einem Kuchengitter auskühlen lassen. Mit Zuckerguss bestreichen und nach Belieben schmücken. Der Brötchenbaum oder Brötchenstern lässt sich gut zum Weihnachtsfrühstück oder Weihnachtsbrunch verschenken.

Knuspermandeln

Zutaten
125 ml Wasser
200 g Zucker
1 Päckchen Vanillezucker
1 Prise Salz
200 g Mandeln mit Schale

Zubereitung
Wasser mit Zucker und Salz in einem flachen Topf oder einer Pfanne zum Kochen bringen. Mandeln dazugeben. Gut rühren. Bei geringer Temperatur so lange weiter kö-

cheln, bis die Flüssigkeit verkocht ist und bis die Mandeln einen Zucker-Überzug haben. Weiterhin rühren, bis die Zuckerhülle der Mandeln karamellisiert, also hellbraun ist. Mandeln sofort auf ein Blech oder eine Platte mit Backtrennpapier schütten. Auskühlen lassen. Die Mandeln mit der Zuckerhaut lassen sich gut in kleinen Cellophantütchen verpacken und verschenken.

Eierlikör

Zutaten
8 Eigelb (von mittelgroßen Eiern)
250 g Puderzucker
Mark aus einer Vanilleschote
200 ccm Schlagsahne
200 ccm Kondensmilch 10 %
250 ml Rum 54 %

(je nach Flaschengröße 1–2 Flaschen)

Zubereitung
Der Eierlikör wird im Wasserbad aufgeschlagen. Dafür brauchen wir einen Bain-Marie-Doppelwandtopf, oder wir nehmen eine Edelstahlschüssel, die in einen größeren Topf mit Wasser passt.
Wasser im Topf zum Kochen bringen. In der noch kalten Schüssel Eigelb mit Puderzucker schaumig schlagen. Vanilleschote ausschaben, das Mark unter die Eiermasse rühren. Sahne und Kondensmilch dazugeben, alles zusammen unter kräftigem Rühren im heißen Wasserbad sämig werden lassen. Aufpassen, dass das Ei nicht gerinnt, auch nicht am Rand der Schüssel. Sobald die Eier-Sahne-Masse sehr dickflüssig ist, wird die Schale aus dem heißen Wasserbad herausgehoben und sofort in Eiswasser gestellt. Unter kräftigem Rühren wird der Rum dazugefügt.
Eierlikör mit einem Trichter in heiß ausgespülte Flaschen füllen (etwas Raum lassen, der Eierlikör dickt nach, wenn er abkühlt) und noch heiß verschließen. 24 Stunden kühl stellen.

Der Eierlikör schmeckt bereits nach dem Abkühlen. Gut verschlossen hält er 3–4 Wochen. Sobald der selbst gemachte Eierlikör geöffnet ist, sollte er kurzfristig verbraucht werden (getrunken, als Zugabe oder verbacken).
Wenn der hausgemachte Eierlikör verschenkt werden soll, bekommt er ein handgeschriebenes Etikett und wird liebevoll mit Cellophan und Schleife verpackt.

Zitruscreme (Brotaufstrich)

Zutaten
200 g Butter
Saft von 1 mittelgroßen Zitrone
Saft von 1 Limone
Saft von 1 Saftorange
500 g Zucker
1 Päckchen Vanillezucker
abgeriebene Schale von 1 unbehandelten Zitrone
6 mittelgroße Eier

(je nach Größe 8–12 Marmeladengläser)

Zubereitung
Butter, Saft der Zitrusfrüchte, Zucker und Zitronenschale im Wasserbad (Bain-Marie) erhitzen und schmelzen lassen. Aus dem Wasserbad herausnehmen. Eier gut verquirlen und sehr langsam, nach und nach unter die Butter-Zitrusmasse geben. Sehr glatt rühren. Im Wasserbad noch einmal unter ständigem Rühren heiß werden lassen – auf keinen Fall kochen (das Ei darf nicht gerinnen). Schnell aus dem Wasserbad herausnehmen, in Eiswasser stellen und 3 Minuten lang rühren.
In gut verschließbare Marmeladengläser (Schraubdeckel) füllen. Kühl stellen.
Die Zitruscreme ist ein sehr leckerer Brotaufstrich. Verrührt mit geschlagener Sahne ergibt diese Zitruscreme auch eine kleine Nachspeise. Sie kann ebenfalls zur Füllung von Schichttorten verwendet werden.
Die Gläser halten gut verschlossen im Kühlschrank 2–3 Wochen. Zum Verschenken packt man sie dekorativ ein.

Weihnachtsgelee

Zutaten
400 ml Holunderbeersaft
150 ml klarer Apfelsaft
300 ml Weihnachtspunsch (oder Familienpunsch oder Glühwein oder Glögg, alles fertig in Flaschen zu kaufen oder siehe Seite 140)
1 Päckchen Zitronensäure
750 g weißer Zucker
250 g brauner Zucker
1 Päckchen Gelfix Classic 1:1 (Dr. Oetker)
2 mittelgroße Äpfel (Boskop oder Cox)
2 EL Rum

(je nach Größe 8–12 Marmeladengläser)

Zubereitung
Holunderbeersaft, Apfelsaft und den Punsch gut verrühren, in einen hohen Topf geben. Zitronensäure mit 2 EL weißem Zucker vermischen, in den Saft einrühren. Aufkochen, dann den restlichen Zucker dazugeben. Unter starkem Rühren 3 Minuten sprudelnd kochen. Vom Herd nehmen, Rum unterrühren. Die geschälten Äpfel sehr fein raspeln, gleichmäßig auf die Gläser verteilen. Gelee darübergießen, Gläser sofort fest verschließen, umdrehen und auf dem Deckel stehend abkühlen lassen.

Quittenbrot (Konfekt)

Zutaten
1,5 kg Apfelquitten
1 Zitrone
1 Saftorange
750–1000 g Zucker
1 geh. TL Zimt
Distelöl für das Blech
Hagelzucker

(ergibt 1 Blech)

Zubereitung
Quitten waschen und trocken reiben. Die Quitten in Achtel schneiden, dabei die Blume und den Stiel entfernen. Im Entsafter bei mittlerer Hitze 30 Minuten dämpfen. (Den Saft zu Quittengelee verkochen). Das weiche Quittenmus mit dem Schneidstab pürieren, durch ein Sieb streichen. Zitronensaft und Orangensaft dazugeben. Abwiegen. Die gleiche Menge Zucker und den Zimt vermischen, unter das Quittenmus rühren.
Backblech mit Alufolie auslegen, mit Öl bestreichen. Das Quittenmus glatt auf dem Blech ausstreichen. In den vorgeheizten Backofen (E-Herd: 200 °C/Umluft 175 °C/Gas: Stufe 3) geben, 20 Minuten heiß werden lassen, dann bei geringster Hitze (E-Herd: 50 °C/ Umluft 30 °C/Gas: Stufe 1) 12 Stunden trocknen lassen, die Backofentür bleibt einen

Spalt weit offen (Kochlöffel in die Tür klemmen). Die Quittenmasse umdrehen. Erneut bei geringster Hitze im geöffneten Backofen 12 Stunden trocknen lassen.
Auskühlen lassen. Nicht abgedeckt an einem geschützten Ort noch 14–30 Tage nachtrocknen lassen. In Rhomben oder Würfel schneiden, in Hagelzucker wälzen.
Anmerkung: Wenn man keinen Entsafter hat, kocht man die wie oben vorbereiteten Quitten-Achtel mit 1 l Wasser auf kleiner Flamme etwa 30 Minuten weich. Dann lässt man die Früchte auf einem Sieb gut abtropfen und püriert sie. Weiter verfahren wie oben.

Zitruspulver (zum Würzen)

Zutaten
4 mittelgroße unbehandelte Orangen
2 unbehandelte Zitronen
1 unbehandelte Limone
⅛ l Wasser
50 g Zucker

(Menge für ein kleines Gewürzglas)

Zubereitung
Zitrusfrüchte hauchdünn schälen. An den Schalen dürfen keine weißen Reste bleiben. Wasser mit Zucker aufkochen, bei geringer Hitze die Schalen in dem Zucker 20 Minuten köcheln lassen. Backblech mit Alufolie auslegen, dünn mit Öl bestreichen. Die süßen, klebrigen Zitrusschalen darauf verteilen. Im vorgeheizten, geöffneten Ofen (E-Herd: 175 °C/Umluft 120 °C/Gas: Stufe 1) die Schalen 6 Stunden trocknen (einen Kochlöffel in die Tür klemmen). Schalen auskühlen lassen, mit dem Schneidstab oder im Cutter (Küchenmaschine) sehr fein mahlen. Ins Glas füllen, dunkel aufbewahren.
Zitruspulver eignet sich zum Würzen von zartem weißem Fisch, von Saucen für Fischgerichte, auch für Früchtesuppen und heiße Punschgetränke.

Karamellbonbons

Zutaten
20 g Butter
100 g Zucker
2 EL Schlagsahne flüssig
Distelöl für das Blech

(ergibt 1 Blech)

Zubereitung
Butter in einer Teflon-Pfanne bei geringster Hitze auslassen, Zucker dazugeben und gut umrühren. Unter ständigem Rühren bei mittlerer Hitze aufkochen lassen. Bei geringer Hitze ständig weiterrühren, bis die Masse goldbraun karamellisiert und dicklich wird. Vom Herd nehmen. Sahne unterrühren. Backblech mit Alufolie auslegen und dünn mit Öl bestreichen. Die Bonbonmasse auf das Blech geben, erkalten lassen. In Stücke schneiden. Die fertigen Bonbons werden einzeln in Cellophan oder in kleinen Mengen in Cellophantüten verpackt. Sie werden trocken aufbewahrt.

Nussbrot (Plätzchen)

Zutaten
2 mittelgroße Eier
140 g Zucker
200 g Weizenmehl
200 g ganze, ungeschälte Haselnüsse oder ungeschälte Mandeln

(ergibt je nach Größe 2–3 Bleche)

Zubereitung
Eier mit Zucker sehr schaumig rühren. Mehl dazugeben, gut verrühren. Haselnüsse oder Mandeln gleichmäßig unterheben. Kleine Kastenform mit Backtrennpapier auslegen, Teig einfüllen, im vorgeheizten Ofen (E-Herd: 200 °C/Umluft 175 °C/Gas: Stufe 3) 40 Minuten backen. Nussbrot aus der Form nehmen, auskühlen lassen. Dann in ein feuchtes Handtuch einwickeln und in einer Plastiktüte über Nacht durchweichen lassen. Am nächsten Tag in sehr dünne Scheiben schneiden und auf dem mit Backtrennpapier ausgelegten Backblech bei geringer Hitze (E-Herd: 150 °C/Umluft 120 °C/Gas: Stufe 1) 15–20 Minuten trocknen lassen, bis die Rän-

der gebräunt sind. Auf einem Kuchengitter auskühlen lassen. In Cellophan dekorativ verpacken. In einer fest verschlossenen Dose aufbewahren.

Weihnachtsmohr im Schneekleid

Zutaten
100 g Butter
8 mittlere Eier
80 g Zucker
100 g Mandelblättchen
100 g geriebene Zartbitterschokolade
1 Msp. Zimt
Butter und Grieß für die Förmchen
Puderzucker zum Bestreuen

(für 4 Personen)

Zubereitung
Eier trennen. Butter, Eigelb und Zucker sehr schaumig rühren. Mandelblättchen, Schokolade und Zimt unterrühren. Eiweiß steif schlagen und vorsichtig unter die Masse heben.
Vier feuerfeste Förmchen mit Butter ausfetten und mit Grieß ausstreuen. Den Teig einfüllen, die Förmchen in die Fettpfanne des Backofens oder in eine größere Form stellen, reichlich Wasser angießen. Bei geringer Hitze (E-Herd: 150 °C/Umluft 120 °C/Gas: Stufe 1) 40 Minuten backen. Förmchen herausheben und 10 Minuten ruhen lassen. Stürzen und mit Puderzucker überstäuben. Auskühlen lassen.
In Cellophan dekorativ verpacken. Die „Mohren“ sollten innerhalb von wenigen Tagen gegessen werden.

Brotgewürz

Zutaten
1 Maß Kümmel gemahlen
1 Maß Ingwer gemahlen
2 Maß Zimt gemahlen
2 Maß Kardamom gemahlen
2 Maß Nelken gemahlen
4 Maß Muskat gemahlen
4 Maß Fenchel gemahlen
4 Maß Anis gemahlen
5 Maß Koriander gemahlen

(Die Gesamtmenge richtet sich nach dem Messlöffel – für 500 g Weizen- oder Roggenmehl bei einem selbstgebackenen Brot reicht 1 gehäufter TL Brotgewürz.)

Zubereitung
Sämtliche gemahlenen Gewürze gut miteinander mischen. In dicht verschlossene Schraubdeckelgläser geben, dunkel aufbewahren. In Schraubgläsern oder in Cellophantüten dekorativ verpacken.
Das Brotgewürz wird beim Brotbacken mit dem Mehl vermischt.

Weihnachts-Chutney

Zutaten
1000 g Äpfel (Boskop oder Cox)
⅛ l Wasser
500 g Zucker
500 ml frisch ausgepresster Orangensaft
1 EL frisch ausgepresster Zitronensaft
125 g gehackte Mandeln
200 g getrocknete Cranberries
100 g kandierte Ingwerstäbchen
4 getrocknete Pfefferschoten
2 EL Senfkörner
1 gestr. EL Salz
1 Päckchen Lebkuchengewürz

(ergibt je nach Größe 5–8 Marmeladengläser)

Zubereitung
Äpfel schälen und in kleine Stücke schneiden. Wasser mit Zucker zum Kochen bringen, Äpfel darin weich kochen. Orangensaft und Zitronensaft dazugeben. Mandeln, Cranberries, Ingwer, Pfefferschoten und die Gewürze unterrühren.
Die ganze Mischung zum Kochen bringen, dann bei geringer Hitze (E-Herd: 150 °C/Umluft 120 °C/Gas: Stufe 1) unter ständigem Rühren einkochen (15–20 Minuten), bis das Chutney dicklich ist und kaum mehr Flüssigkeit frei läßt. Heiß in Schraubdeckelgläser füllen. Kühl stellen. Das Chutney hält sich gekühlt 14 Tage.
Chutney schmeckt wunderbar zu Wildbraten und zu gebratenem Fisch.

Edamer im Würzöl

Zutaten
¼ l kalt gepresstes Olivenöl
1 kleine Schalotte in Scheiben
4 Lorbeerblätter
3 kleine Chilischoten
1 TL Senfkörner
1 TL schwarze Pfefferkörner
1 Msp. Salz

(für 12–15 kleine Käse)

Zubereitung
Die kleinen Edamer, die man im Netz kaufen kann, werden aus der roten Rinde ausgelöst. Öl mit den Zwiebelscheiben und den Gewürzen mischen, die Edamer in das Öl legen. Gut verschließen. Im Kühlschrank 3–4 Tage ziehen lassen. Gut gekühlt halten sich die Käse im Würzöl 1–2 Wochen. Das Öl kann für Salate oder auch als Bratöl verwendet werden.

Senfsauce zum Graved Lachs

Zutaten
4 EL scharfer Dijon-Senf
1 geh. EL Zucker
1 EL Essig
2 EL Distelöl
1 geh. EL frisch geschnittener Dill

(für 4 Personen)

Zubereitung
Sämtliche Zutaten sehr gut miteinander verrühren. Ein paar Stunden kühl stellen und durchziehen lassen. Im Kühlschrank kann die Senfsauce gut eine Woche bevorratet werden.
Diese skandinavische Sauce wird zu Graved Lachs gegessen, den man selber einlegen oder auch als Seite oder hauchdünn geschnitten kaufen kann.

Kräutermischung für Wassail-Bowle

Zutaten
1 gestr. TL Muskatnuss gemahlen
1 gestr. TL Ingwer gemahlen
1 gestr. TL Koriander
1 gestr. TL Kardamom
1 Msp. Macis
2 Gewürznelken
1 Stange Kaneel (Zimtstange)

(reicht für 1 Bowlengefäß für 4–6 Personen)

Zubereitung
Sämtliche Gewürze gut vermischen, in ein Cellophanbeutelchen füllen.
Das Rezept für die Wassail-Weihnachtsbowle aufschreiben, zusammen mit einer Flasche trockenem Weißwein verschenken.

Wassail-Weihnachtsbowle

Zutaten
4 Äpfel
Wassail-Gewürz (siehe Seite 167)
1 Flasche trockenen Weißwein
150 g Zucker
4 Eigelb

(für 4 Personen)

Zubereitung
Je Person einen Apfel samt Schale ausstechen und im Backofen bei mittlerer Hitze (E-Herd: 200 °C/Umluft 175 °C/Gas: Stufe 3) 30 Minuten braten lassen. Vierteln.
¼ l Wasser mit den Wassail-Gewürzen zum Kochen bringen, 15 Minuten ziehen lassen, durch ein Tuch oder durch einen Filter gießen.
Wein mit dem gewürzten Wasser und 100 g Zucker vermischen und vorsichtig erhitzen.
4 Eigelb mit 50 g Zucker sehr schaumig schlagen. Die Weinmischung langsam dazugeben. Über die Apfelviertel gießen.
Heiß servieren.

Wassail ist ein alt-englischer Gruß, der „Gute Gesundheit“ bedeutet und den Gast mit eben diesem Toast und Apfel-Punsch willkommen heißen soll. Die Tradition geht bis ins 11. und 13. Jahrhundert zurück.

Weintrauben süßsauer

Zutaten
500 g kernlose helle Weintrauben
½ l trockener Weißwein
1 EL Essig-Essenz 25 %
350 g Zucker
1 kleine Ingwerwurzel
1 Vanilleschote
1 Stange Kaneel (Zimtstange)
6 Gewürznelken
2 Sternanis

Zubereitung
Weintrauben waschen und mit einem hölzernen Zahnstocher mehrfach einstechen.
Wein mit Essig und Zucker aufkochen, sobald der Zucker aufgelöst ist, sämtliche Gewürze dazugeben. Die Ingwerwurzel wird in Stücke geschnitten, die Vanilleschote aufgeschnitten. Heiß über die Weintrauben gießen. Im Kühlschrank ausgekühlt drei Tage ziehen lassen. In Schraubgläser füllen. Kühl gestellt halten sich die Weintrauben gut eine Woche.

Die Weihnachtszeit
von Elise Averdieck (1808–1907)

Morgens stricken Charlotte und Marie viel fleißiger als sonst, denn die großen Strümpfe, daran sie stricken, sollen noch fertig werden bis Weihnachten; die soll der liebe Papa geschenkt bekommen. Karl lernt ein Lied aus dem Fabelbuch, ein ganz langes. Jeden Tag lernt er vier Reihen, damit er zur rechten Zeit damit fertig werde. Auch Vetter Adolf sitzt oftmals des Abends, wenn der Papa noch schreibt, auf seinem Zimmer und zeichnet an einem großen Bilde, was er Mariens Eltern zu Weihnachten schenken will. Aber mehr als alle hat die liebe Mama zu tun, die näht und packt und kramt und geht aus, und wenn sie wieder nach Hause kommt, dürfen die Kinder niemals sehen, was sie gekauft hat. An den letzten drei Abenden vor Weihnachten ist aber die noch größte Freude; da werden alle Spielsachen zusammengeholt und nachgesehen, was davon an die Armen verschenkt werden soll. Marie bringt ihre Puppe, Karl viele Soldaten, Elisabeth eine kleine Küche, Lottchen ein Nähkästchen. Außerdem finden sich noch Kegel, kleine Reiter, vielerlei Bilder und mancherlei kleine Spielereien, mit denen Kinder erfreut werden können. Manches ist schadhaft, das wird noch ausgebessert: genäht, geklebt, genagelt, gemalt, wie es gerade Not tut. Man bringt noch möglichst viele alte Kleidungsstücke dazu. Als nun alles beieinander ist, da finden sich genug Sachen um sechs arme Kinder zu beschenken. Am Abend vor Weihnachten wird alles in einer kleinen Stube neben dem großen Saale aufgeziert. Die Sparbüchlein der Kleinen müssen auch noch manchen Schilling hergeben; dafür werden Rüben, Wurzeln, Reis und

Morgen, Kinder, wird's was geben

Morgen, Kinder, wird's was geben,
morgen werden wir uns freun!
Welch ein Jubel, welch ein Leben
wird in unsrem Hause sein!
Einmal werden wir noch wach,
heißa, dann ist Weihnachtstag!

Wie wird dann die Stube glänzen
von der großen Lichterzahl!
Schöner als bei frohen Tänzen
ein geputzter Kronensaal.
Wisst ihr noch, wie vorges Jahr
es am Heilgen Abend war?

Wisst ihr noch mein Räderpferdchen,
Malchens nette Schäferin,
Jettchens Küche mit den Herden
und dem blankgeputzten Zinn?
Heinrichs bunten Harlekin
mit der gelben Violin?

Wisst ihr noch den großen Wagen
und die schöne Jagd von Blei?
Unsre Kleiderchen zum Tragen
Und die viele Näscherei?
Meinen fleißgen Sägemann
mit der Kugel unten dran?

Welch ein schöner Tag ist morgen!
Viele Freuden hoffen wir;
unsre lieben Eltern sorgen
lange, lange schon dafür.
O gewiss, wer sie nicht ehrt,
ist der ganzen Lust nicht wert.

(Text: Martin Friedrich Philipp Bartsch; verschiedene Melodien)

Hinter den Türen dieses Adventskalenders verbergen sich die himmlischen Heerscharen. Tag um Tag kommt ein Engelchen zum Vorschein – und der gütige Nikolaus schaut von oben her zu. In vollem Glanz erscheint am 24.12. dann das Christkind (Farbdruck von Dora Baum, 1881–1949).

Pflaumen gekauft, und Vetter Adolf schenkt noch einen großen Taler, um für jedes Kind zwei Pfund Fleisch zu kaufen, was sie am Weihnachtstage mit ihren Eltern und Geschwistern verzehren sollen. Da werden denn die Tische der Armen ganz voll guter Dinge, und Karl meint: „Ich möchte wohl ein armes Kind sein, wenn ich so schöne Sachen zu Weihnachten haben soll!" – Zuletzt werden noch viele Netze und Ketten und Blumen geschnitten von ganz dünnem farbigen, oder auch von stärkerem Gold- und Silberpapier. Nüsse, Eier, Äpfel und Kartoffeln werden mit Gold oder Silberschaum überklebt; und die Kleider und Finger und Gesichter der Kinder haben alle ein bißchen abbekommen von dem glänzenden Schmuck, und Mariechen bittet: „Wasch' es nicht ab, Mama, wasch' es nicht ab, das sind lauter kleine Weihnachtssterne!"

Hamburger Weihnachtsbuch, hrsg. von Eckart Kleßmann, Ellert & Richter Verlag, Hamburg 2007, S. 128–130

6
7
8
9
10
11
12
13
14
15
16
17
18
19
20
21
22
24
23
355

Entstehung des Weihnachtsbaums und sein Schmücken

Zum Strohsternebasteln benötigen Sie Naturstrohhalme, etwas Nähgarn und eine spitze Schere. Die Sterne werden nach eigener Kreativität gelegt und mit dem Garn umwickelt. Der Fantasie sind dabei keine Grenzen gesetzt.

Ganz viel Rot, Gold, Lichter und vor allem Selbstgemachtes – das gehört im Norden, wenn man es traditionell liebt, an den Weihnachtsbaum. Da hängen dann auch rote Blumen, aus Seidenpapier gedreht, Sterne aus Stroh, vergoldete Nüsse und Zapfen, auch goldene Eier und regionales Gebäck: braune Kuchenherzen, Spekulatius und Lebkuchen, aber auch Kinjeestüüg, das weiße Figurengebäck mit den roten Konturen, auch Wiehnachtspoppen genannt. Jede Region und so manches Haus hat da auch noch eigene Spezialitäten.

So war es ja früher immer mit dem Tannenbaumschmuck. Man bastelte gemeinsam und nahm das, was Haus und Hof hergaben. Aus vielen persönlichen Schilderungen wissen wir, dass man in den Familien runde Netze für Naschwerk schnitt, viel Papierschmuck bastelte, dass man Nüsse und Eier vergoldete, dass man Äpfel in die Zweige hängte, Püppchen, künstliche Vögel und Engel-Oblaten zwischen den Zweigen schweben ließ, Lametta, Engelhaar, Rauschgoldstreifen, silberne Kugel-Ketten und viele Sterne verteilte – und bei Storms immer auch einen ganz eigenen „Märchenzweig" einsteckte, einen vergoldeten Lärchenzweig. So mancher verzauberte die einfachen Zweige oder den schlichten grünen Baum auch mit vielen damaligen Köstlichkeiten, mit Konfekt und Marzipan, mit Figurengebäck und Lebkuchen, mit Feigen, Pflaumen- und Rosinenketten.

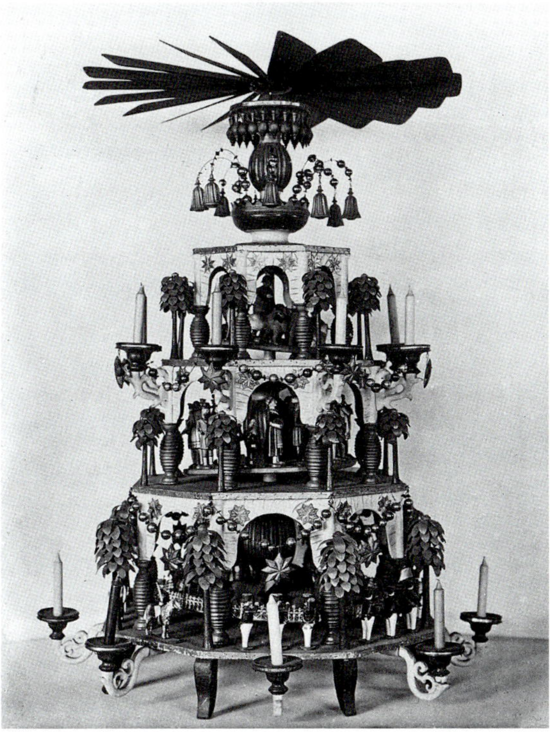

Aus dem Erzgebirge kommen die Weihnachtspyramiden – bunte Lichtergestelle und Krippenlandschaften, die sich aufgrund der aufsteigenden Wärme der Kerzen unter dem Flügelrad drehen. Längst ist das Symbol aus den Häusern hinaus und über die Grenzen Sachsens hinweggewandert – auch in den Norden.
Oben: Auch Strohengel werden gern an den Weihnachtsbaum gehängt.

Mit der Zeit entstand – vor allem im Thüringischen und im Erzgebirge – eine ganze Weihnachtsschmuck-Industrie, die aus allen nur denkbaren Materialien Traumhaftes für die Weihnachtsseligen schuf. Heute wird der Schmuck für den Tannenbaum meist gekauft, es sind ja so viele schöne Dinge zu haben – der herrliche glitzernde Glasschmuck aus dem thüringischen Lauscha, die prächtigen Kugeln, viele glänzende Figuren, feenhafte Vögel, strahlende Sterne, wunderschöne Baumspitzen. Schmuck wird auch aus Stroh, Ton, Papier und Holz gearbeitet – da treffen sich Engel und Weihnachtsmänner aller Art in den Zweigen, niedliches Kinderspielzeug und kunstvoll gefaltete Sterne. Es glitzert mächtig, wenn das Lichtermeer am Weihnachtsbaum angezündet (oder angeschaltet) wird, längst wechselt man jährlich den Behang und sogar die Farben. Weihnachtsbaum„mode" ändert sich mit den Zeiten, das geht schon seit Generationen so. Der Fantasie und dem Geschmack sind dabei keine Grenzen gesetzt, auch nicht beim Beleuchten von Bäumen im Freien und beim bunten Lichterschmuck an den Häusern.

Stuben und Ställe, Häuser und Höfe mit grünen Zweigen zu schmücken, das war immer schon Brauch, in vielen Kulturen und schon in vorchristlichen Zeiten. War man doch, als man die Abläufe der Natur noch nicht verstand und an Götter und Geister glaubte, von viel Abergläubischem geprägt. Immergrüne Zweige, der Wintermaien (dauerhaftes Grün, das an Frühling und neue Fruchtbarkeit glauben ließ) und so mancher Hexenbusch (gebunden aus stacheligem Ilex und zauber-wirksamem Buchsbaum, aus Taxus, Wacholder und auch Misteln), gehörten daher überall in den Volksbrauch und zu den Mittwinterfesten. Vereinzelt wird sogar von Mittwinterbäumen berichtet, die im Norden im Freien aufgestellt wurden. Im ganzen Norden schützte man die Häuser durch Buchsbaum, Taxus und Ilex, Wacholder und Mistel. Man ließ im Winter Zweige ergrünen und erblühen, nicht nur am Barbaratag, und stellte sie auch – mit Zuckerzeug und Früchten geschmückt – für die Kinder auf. Es ist seit alters her weit verbreitet,

dass man Getreide in Schalen als Tellersaat aussät und zu verheißungsvollen Gärten auswachsen lässt. Man baute einst Paradies- und Weihnachtsgärtlein daraus und stellte auch allerlei Gestelle auf, lange, bevor man Weihnachtsbäume ins Haus holte. Pyramidenförmige, baumartige Holzgestelle wurden gebaut und mit Früchten, Kuchen und Baumgrün verziert. Klausenbaum und Putzapfel nannte man das und fand viele verschiedene Formen. Die Spielzeugmacher arbeiteten zur Weihnacht kunstvolle Schwibbögen, Leuchter und Pyramiden – bis heute. Meterhoch sind einige der wunderschönen lichterbrennenden, sich drehenden Weihnachtspyramiden, die es im ganzen Norden in vielen Formen immer schon gab. Mit leuchtenden Augen standen einst die Kinder davor, als es noch weniger Weihnachtstrubel gab – man kann es nachlesen.
In Hamburg bauten die Familien ihre eigenen Pyramiden. Dafür wurden vier Stöcke in ein Brett gesteckt, zur Spitze verbunden und mit Tannenzweigen umwickelt und mit buntem Papier und Flittergold geschmückt. Den Boden bedeckte man mit Moos und Figuren, die Ecken besteckte man mit kleinen Blechleuchtern. Eine Freude für Kinder: denn Zuckerkringel, Kekse und Figurengebäck kamen auch noch in die Zweige. Obenauf setzte man eine goldene Kugel samt Fahne oder Goldengel. Es gab in einigen Familien auch kleinere Pyramiden, die man in der Christvesper segnen ließ. Pyramiden in Form von Lichterkronen wurden an die Decken gehängt, sie ähnelten Kirchenleuchtern – wie

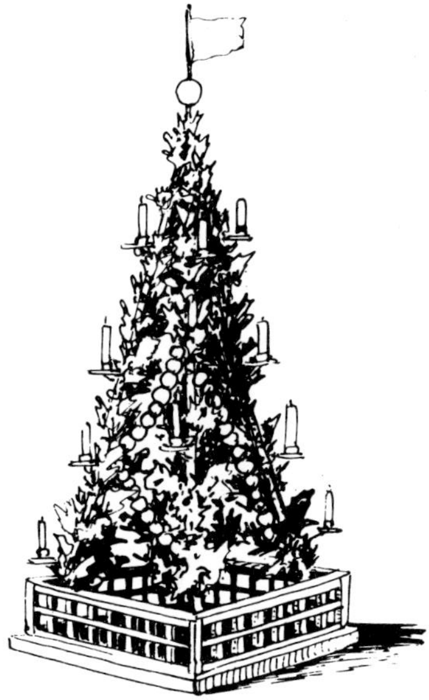

Anfang des 19. Jahrhunderts, als große Weihnachtsbäume noch nicht allgemein verbreitet waren, dekorierte man schmucke Weihnachtspyramiden, sogar mit Schmuck und Lichtern. Vereinzelt findet man sie noch heute, vor allem im Erzgebirge.

Was für ein traumhaftes Bäumchen zeigt diese biedermeierliche Federlithografie, die um 1838 entstanden ist: Die herrlichsten Spielsachen und Geschenke versammeln sich unter dem seltsamen Immergrün, dessen reich behängte Kerzen-Zweige wie angewachsen scheinen.

auch die kostbaren „Spinnen“, kunstvoll gearbeitete, reich verzierte hölzerne Leuchter, die aus Schlesien kamen. Wer sich so Kostbares nicht leisten konnte, der arbeitete raffinierte strohgeflochtene Deckengehänge, wie wir sie auch heute noch in Pommern sehen. Dekorativ dachte man schon immer, als erst der ganze Baum in die Stube kam, der sich ab Ende des 19. Jahrhunderts nach und nach überall ausbreitete. Freude sollte er bringen, glitzern und leuchten. Das waren ja ganz weltliche Freuden, denn schließlich hatte das frühe Zweig-Brauchtum etwas mit Fruchtbarkeitszauber und Immergrün zu tun. Irgendwann begann man auch, Kindern süße Kleinigkeiten an Gabe-Zweige zu hängen – so liest man von Bescher-Bäumen, die man auch Weihnachts-Maien nannte, die für Kinder und Arme in Spitälern und Zunfthäusern aufgestellt wurden. Ein paar grüne Zweige, ein Bäumchen, an dem Zuckerwerk und Gebäck hing. 1419 beispielsweise liest man von einem „Schüttel-Baum", den eine Freiburger Bäckerzunft im Heilig-Geist-Hospital mit Äpfeln, Birnen, Nüssen, Oblaten und Lebkuchen schmückte. Das war ein Geschenk zum „Schütteln" und Bescheren – was für eine Weihnachtsfreude! Schnell folgten andere Zünfte und Vereinigungen und vor allem die Fürstenhäuser, die die Idee aufgriffen und reichlich Nasch- und Backwerk und viel Kostbares an Zweige und kleine Bäumchen hängten. Die viel zitierte Liselotte von der Pfalz schildert 1708 als eine der ersten Chronisten einen Christkindelbaum, dem auch ein Lichtlein aufgesteckt wurde: „Ich weiß nicht, ob ihr ein anderes Spiel habt, das jetzt noch in ganz Deutschland üblich ist; man nennt es Christkindel. Da richtet man Tische wie Altäre her und stattet sie für jedes Kind mit allerlei Dingen aus, wie neue Kleider, Silberzeug, Puppen, Zuckerwerk und alles Mögliche. Auf diese Tische stellt man Buchsbäume und befestigt an jedem Zweig ein Kerzchen; das sieht allerliebst aus."

Im Norden taucht wohl erstmals 1691 auf Gut Sierhagen im Ostholsteinischen „op Wihnachten ein Dahnenbaum" auf, den der junge, in Dresden aufgewachsene Graf Johann Georg von Dernath aufstellen ließ. 1765 überraschte auf Schloss Breitenburg vor Itzehoe die aus Franken stammende Gräfin

Eines der ältesten Zeugnisse des häuslichen Lichterbaumes: Der „Weihnachtsabend im Wandsbeker Schloss" von Theobald Reinhold Anton von Oer. 1796 zeichnete er ein Stück Zeitgeschichte. Die Familie von Matthias Claudius, die Brüder Stolberg, auch Friedrich Gottlieb Klopstock treffen sich unter dem Baum und feiern die Verlobung der Claudius-Tochter Caroline mit dem Buchhändler und Verleger Friedrich Perthes.

zu Rantzau die Weihnachtsfamilie „... es war ein allerliebster Anblick, den uns meine herzensgute Amöne beschert hat ...", so Graf Friedrich von Rantzau in seinen Tagebuchaufzeichnungen, „... darbey Sie 3 große Tannenbäume mit Lichter besteckt und Solche angezündet hatte ..." Einen Weihnachtsabend im Wandsbeker Schloss im Jahr 1796 zeigt uns die romantische Zeichnung von Theobald von Oer, die die Verlobung der Caroline Claudius, Tochter von Matthias Claudius, mit Friedrich Perthes schildert. Ein mit strahlenden Lichtern glänzender, mit Äpfeln und Zuckerwerk behängter Tannenbaum ist da zu sehen. „... Aber hoch oben an dem Weihnachtsbaum hing ein Apfel, so schön, so kunstreich vergoldet wie kein anderer;

den holte er plötzlich mit halsbrechender Kunst herab und dunkel erröthend gab er ihn zur nicht geringen Verwunderung der Anwesenden dem ahnenden Mädchen ..." So verlobte sich Friedrich Perthes mit Caroline Claudius.

Anfang des 19. Jahrhunderts gibt es europaweit, auch im südlichen Dänemark viele staunenswerte Schilderungen von Lichterbäumen bei Hofe, in Lehrer- und Pastorenhäusern. Bis schließlich die Kriegsweihnachten des 19. Jahrhunderts für eine große Verbreitung der „deutschen Sitte" sorgten, zur Weihnacht Zweige mit Licht aufzustellen und zu verschenken. Der Tannenbaum war der Inbegriff der deutschen Weihnacht geworden. Dem Dänen Hans Christian Andersen und dem Deutschen Theodor Storm, beide begeisterte Weihnachtsfreunde, verdanken wir die herrlichsten literarischen und dokumentarischen Geschichten über den Weihnachtsbaum. Auch alle „honorigen" Persönlichkeiten des ausgehenden 19. und des 20. Jahrhunderts schildern in ihren Lebenserinnerungen wort- und bilderreich die großartigen Weihnachtsfeste. Die Hamburger Lebensgeschichten sind voll davon. Nach dem Ersten Weltkrieg wanderte der Weihnachtsbaum von den Städten und Gütern aufs Land, er wurde zum familiären Heiligabend-Ritual. Von den Amerikanern übernommen wurde in den 1920er-Jahren der hell erleuchtete Straßenweihnachtsbaum, der Lichterbaum für alle.

Lichter – ja, Lichter gehörten an jeden Baum – schließlich liest man schon in ältes-

Der Traum

Ich lag und schlief; da träumte mir
Ein wunderschöner Traum:
Es stand auf unserm Tisch vor mir
Ein hoher Weihnachtsbaum.

Und bunte Lichter ohne Zahl,
Die brannten ringsumher;
Die Zweige waren allzumal
Von goldnen Äpfeln schwer,

Und Zuckerpuppen hingen dran;
Das war mal eine Pracht!
Da gab's, was ich nur wünschen kann
Und was mir Freude macht.

Und als ich nach dem Baume sah
Und ganz verwundert stand,
Nach einem Apfel griff ich da,
Und alles, alles schwand.

Da wacht ich auf aus meinem Traum,
Und dunkel war's um mich.
Du lieber, schöner Weihnachtsbaum,
Sag an, wo find ich dich?

Da war es just, als rief er mich:
„Du darfst nur artig sein;
Dann steh ich wiederum vor dir;
Jetzt aber schlaf nur ein!

Und wenn du folgst und artig bist,
Dann ist erfüllt dein Traum,
Dann bringet dir der heil'ge Christ
Den schönsten Weihnachtsbaum."

(August Heinrich Hoffmann von Fallersleben, 1798–1874)

Basteln mit Salzteig

Figuren und gebastelter Weihnachtsschmuck, der nicht aufgegessen werden und haltbar sein soll, wird von Kindern gerne aus Salzteig geformt. Dazu verknetet man 200 g Weizenmehl mit 100 g feinem Salz und 100 ml Wasser. Ein Teelöffel Speiseöl wird nach und nach untergeknetet. Der Teigball muss gut zugedeckt eine halbe Stunde ruhen. Dann wird der Salzteig erneut geknetet. Ist er zu fest, gibt man tropfenweise Wasser dazu. Ausrollen, auch ausstechen oder Figuren daraus formen. Wenn man farbige Knetmasse haben will, gibt man von Beginn an ein paar Tropfen Lebensmittelfarbe dazu.
Die Salzteigfiguren lässt man einen Tag abgedeckt bei Zimmertemperatur trocknen.
Dann gibt man sie in den mit 50 °C vorgeheizten Ofen und lässt das Bastelwerk zwei Stunden trocknen. Je nach Dicke der Gebilde sind sie dann durchgetrocknet. Sie müssen hohl klingen beim Klopfen mit der Hand. Evtl. dicke, rundliche Figuren noch länger im Ofen lassen.
Auskühlen lassen und bemalen. Dazu eignen sich Wasserfarbe und Plakafarben, beide werden mit Klarlack überzogen. Man kann auch mit Bastellack oder mit Nagellack malen.

ten Quellen, dass ein Weihnachtslicht aufgestellt wurde, um im winterlichen Dunkel das Haus gegen Gespenster- und Hexenspuk zu schützen. Daraus wurde dann ein religiöser Brauch, Symbol für Christus als das Licht der Welt. Lichter mussten in frühen Zeiten kunstvoll und preiswert hergestellt werden, erst 1818 wurde das künstliche Stearin, 1830 das billige Paraffin erfunden. Aber dann sollten Kerzen ja auch noch trickreich an den Zweigen befestigt werden, man brauchte also Halter, damit jedermann gefahrlos Lichterzweige und -bäume aufstellen konnte – so hat ein jedes Ding, das heute praktisch ist, eine lange spannende Geschichte.
Heute haben wir duftende Honigkerzen oder Wachs und Stearin in allen Farben, elektrische Ketten in groß und klein. Heute sind es nicht nur die Bäume, die geschmückt werden, drinnen und draußen. Wahre Lichtspektakel erleben wir alle Jahre wieder.
Dort, wo man kaum Wälder kannte und um die Schutzwürdigkeit eines jeden Baumes wusste, dort entwickelten die Menschen – bevor sich Weihnachtsbäume transportieren ließen – regionale Weihnachtsgestelle: den friesischen Julbogen (auch Friesenbaum oder Friesenbogen genannt), die ostfriesische Tuunscheer, den Hiddenseer Bügelbaum. Regional und auch in den Familien waren und sind sie immer ganz verschieden. Die Bögen symbolisieren seit alten Zeiten den Sonnenwendbogen, den Sonnenlauf, den Erdkreis. Es sind Bögen, die mit Immergrün umwunden und mit viel symbolisch Nahrhaftem behängt werden. Auf Föhr im nordfriesischen

Kinjeeskoken (wörtlich „Kind-Jesus-Kuchen") vom Bäcker Hansen in Wrixum auf Föhr. Das bunt bemalte Figurengebäck mit traditionellen Motiven wie Adam und Eva, Hahn und Kuh gehört an den Friesenbogen.

Wattenmeer schmückt man den weihnachtlichen Friesenbaum mit den schönen Figuren der Kinjeestüüg, die heute nur noch ein Bäcker auf der Insel backt (Rezept Seite 40). Adam und Eva stehen da dann am Fuß des halbrunden Bogens. Fisch, Kuh und Schwein, Mühle und Schiff setzen Zeichen und sollen Gutes bewirken. So auch der Hahn, der an der Spitze thront. Pflaumen- und Rosinenketten, Nüsse und Äpfel gehören auch noch dran, einst auch Getreide aus der letzten Garbe und der auf der Insel seltene Tannenzapfen. Das alles ist nicht nur Schmuck, sondern es war in früheren Zeiten auch ein Vorwegzauber, der Geister der dunklen Jahreszeit freundlich stimmen sollte ...
Zu Halbkreisen gebogene und kunstvoll zu Kräuselwerk aufgeschlitzte Weidenstöcke

wurden früher im Oldenburger Land mit Immergrün von den Hecken oder Zäunen und mit Papierblumen geschmückt und als Tuunscheer (auch: Tunschere, also Zaun-Schere) mit ganz besonderen Ritualen am Silvesterabend verschenkt. Beschwörungen für ein gutes neues Jahr gingen damit einher. Manche schenkten dann (im Saterland und Hümling) eine Wäpelraut, eine mit Papierrosen geschmückte Wacholderrute, als Rückantwort am Dreikönigstag. Vereinzelt wird der Brauch in Niedersachsen noch gepflegt.
Sehr verbreitet ist der Hiddenseer Bügelbaum, der auch heute noch auf Hiddensee und Rügen in den Winterwochen zu sehen ist. Es ist ein rechtes Kunstwerk, das eigentlich aus zwei „Weltkugeln" besteht. Unten eine größere, oben eine kleinere. Dafür werden jeweils vier Weiden über Kreuz gelegt, zum Halbkreis gebogen und an einem aufrechten Besenstiel befestigt. Die beiden „Kugeln" umwindet man mit Buchsbaum oder Wacholder. Einst waren es die Fassringe oder Bügel der Heringsfässer, die von den Rügener Fischern für den Bügelbogen benutzt wurden. Lange Ketten aus Äpfeln, Nüssen und Trockenfrüchten, aus Bonbons und Zuckerwaren, auch Lebkuchen und anderes Gebäck werden reichlich über die Reifen verteilt. Je Reifen wird nach altem Brauch noch eine Kerze aufgesteckt, also acht sind es insgesamt. Das ganze Bogenwerk wird dann mit einer Fahne und mit einem Lebkuchenherz an der Spitze geschmückt. Gekrönt wird dieser Kinder-Bescher-Baum mit dem „Kindjes-

Auf den Ostseeinseln Rügen und Hiddensee schmückt man von alters her Bügelbäume – die beiden übereinander gestellten Reifen werden mit Grün umwunden und dann reich geschmückt mit bemaltem Gestaltengebäck, Äpfeln, Dörrobstketten, vergoldeten Nüssen, Muscheln und so manchem Naschzeug.

pöpping", der aus Lebkuchen gebackenen Kind-Jesus-Puppe. Der fast mannshohe Bügelbaum steht auch oft als reiner Schmuck im Freien. Da umwindet man ihn heute auch gerne dicht mit Grün und mit Lichterketten, sodass er im Dunkel der Adventszeit richtig erstrahlen kann.

Wer's mag und kann, der bastelt sich diese Gestelle selbst oder besorgt sie vor Ort. Das wird dann ein ganz besonders schöner, einmaliger Weihnachtsschmuck!

Der große norddeutsche Dichter Theodor Storm (1817–1888) war lebenslang ein rechter „Weihnachtsmann“. Viele Gedichte und Geschichten hat er über die Weihnachtszeit geschrieben, und in der eigenen Familie wurde immer gemeinsam gebastelt und gebacken.

Weihnachtsbasteln bei Theodor Storm
von Gertrud Storm

„Morgen wollen wir vergolden und Netze schneiden“, spricht Vater verheißungsvoll.
Wenn wir in ein bestimmtes Alter gekommen waren, durften wir vergolden helfen und Netze schneiden. Die langen, schmalen Streifen Rauschgold wurden freilich nur von unserem Vater geschnitten mit seiner großen alten Papierschere, die ich so deutlich vor mir sehe –
Morgen ist heute geworden und Vater nimmt uns mit in seine Studierstube. Die dunkle Holztäfelung der Decke, die tiefrote, behagliche Färbung der Wände, an denen rings herum die Bücherregale laufen, und über dem Tische die helle leuchtende Lampe schauen uns behaglich und gar verheißungsvoll an. Auf dem Tische ausgebreitet liegen Nüsse, Tannenzapfen, Eier und Schaumgold. Wir setzen uns alle um den Tisch und beginnen nach Vaters Anordnung Watte in Eiweiß zu tauchen, mit der wir vorsichtig die Nüsse und Tannenzapfen betupfen. Dann wird ein Stück Schaumgold auf die befeuchtete Stelle gelegt und vorsichtig mit Watte angetupft. Nun werden zwölf Netze vom feinsten weißen Konzeptpapier geschnitten. Uns Kindern klopft das Herz dabei: „wenn wir nun die Spitzen abschneiden!“ In die Netze kommen große, viereckige Bonbons, die wir alter Tradition gemäß in farbige Papiere wickeln, die durchaus die Farben: grün, gold und hausrot haben müssen. Auf diese Netze, in denen schon seine Kinderträume hingen, legte unser Vater besonderen Wert. Wer von uns zum ersten Male in seinem kleinen Leben ein solches wunderbares Netz tadellos ausgeführt hatte, kam sich vor, als sei er nun erst ein fertiger kleiner Mensch geworden.

Weihnachten bei Theodorm Storm, hrsg. von Gerd Eversberg, Husum 1993, S. 24f.

Hamburger Weihnachtspyramiden
von Berend Goos

Tannenbäume waren damals noch nicht so allgemein im Schwunge wie jetzt, dafür hatten wir in der Regel eine sogenannte Pyramide aus vier oben zusammenlaufenden, mit Buxbaum oder Tannenlaub dicht umwundenen, Stäben bestehend, oben mit einer Fahne aus Flittergold verziert. Der untere viereckige Raum enthielt die schönsten Gartenanlagen, mit Grotten, Teichen, Brücken sowie den dazu passenden Figuren versehen, alles aus Moos, Strohblumen, Pappe und Spiegelglas angefertigt. Die belaubten Seitenrippen der Pyramide dienten zugleich als Halter der das Ganze hellbestrahlenden bunten Wachskerzen, und im Innern hing noch von der Spitze herab ein schwebender Wachsengel, recht niedlich anzuschauen. Man kaufte diese Pyramiden fertig auf der Weihnachtsausstellung des Gänsemarktes.

Sitten und Gebräuche zur Weihnachtszeit – Jugenderinnerungen. In: Hamburger Weihnachtsbuch, hrsg. von Eckart Kleßmann, Ellert & Richter Verlag, Hamburg 2007, S. 119

Krippen gehören zu Weihnachten

Wer will nicht als Kind gerne die anmutige Maria, ein prachtvoller König oder ein strahlender Engel sein ... Alle Jahre wieder bewegt die Weihnachtsgeschichte die Herzen. Immer wieder aufs neue wird sie von den Jüngsten in Kirchen und Schulen aufgeführt. Rund um den inneren Kreis, die Heilige Familie, spielen sich dann Hirtenszenen ab und der Besuch der Heiligen Drei Könige. Viele, viele Engel schweben singend und flötend herbei. Das war immer so und wird von Generation zu Generation nicht nur bei den Kleinsten weitergegeben. Auch traditionelle Christgeburtsspiele sind in den Kirchen im Norden alle Jahre wieder zu erleben.

Die wunderbare heilige Weihnachtsgeschichte wird aber auch anders erzählt – durch das Aufstellen und das Basteln von Krippen. Aus allem nur denkbaren Material lässt sich das Geschehen im Stall von Bethlehem darstellen – Krippen sind entstanden auf tausendundeine Art. Als Bilder, als Figurengruppen, als Scherenschnitte für die Fenster, sogar ganz groß als kunstvolle Schnitzerei auf einem riesigen Mammutzahn oder filigran auf einem winzigen Kirschkern. Krippensammlungen zeigen wahre Kunstwerke aus aller Welt. Hunderte von Weihnachtskrippen werden alljährlich im Advent im Hamburger Museum für Völkerkunde gezeigt, allein 600 Darstellungen aus 45 Ländern der Erde sind in Berlin im Volkskundemuseum zu sehen. Immer gibt es auch regionale Sammlerinnen und

Zu Weihnachten gehören Krippen – kunstvoll gestaltet oder von den Kindern auf allerlei Weise gebastelt. Schnitzer brauchen viel Geschick, wenn sie alle Figuren für das ganze große Krippengeschehen herstellen. So wie der Krippenschnitzer Rudolf Schrape aus Owschlag.

Sammler, die ihre Krippen-Schätze in der Weihnachtszeit öffentlich präsentieren. Da gibt es was zum Staunen.
Angefangen hat alles, so erzählt man sich gerne, mit der Christnachtfeier des heiligen Franz von Assisi im Jahre 1223 im Wald von Greccio. Das Kloster liegt in den Sabiner Bergen nördlich von Rom. Franziskus hatte – immerhin mit päpstlicher Genehmigung – in dem Wald eine Futterkrippe mit lebenden Tieren aufgebaut, mit Ochs und Esel, um davor zu predigen. Das war eine besondere Form des mittelalterlichen Krippenspiels. Sicher ist, dass es schon im 9. und 10. Jahrhundert in Klöstern und Kirchen Mysterien- und Wiegenspiele gab, bei denen eine Jesus-Puppe aus einer Wiege gehoben, wie ein lebender Säugling gepflegt und mit Gesang bejubelt wurde, „umhalst und geküsst", wie es heißt. Zu den kirchlichen Feiern des 16. Jahrhunderts gehörte das Kindleinwiegen zwischen Weihnachten und Lichtmess, es war

Neuruppiner Bilderbogen waren eine Seligkeit für Groß und Klein, ein beliebter Bild- und Lesestoff im 18./19. Jahrhundert. Zur Weihnachtszeit wurden die Krippenbilderbogen verschenkt, so wie dieser um 1890 gedruckte. Große Geschichten ließen sich beim Betrachten erzählen.

auch bis in jüngste Zeit Sitte in den Frauenklöstern im Norden. Im Kloster Preetz, im Schleswiger Dom weiß man noch davon zu erzählen. Manche alten Weihnachtslieder sind auch Wiegenlieder (wie „Joseph, lieber Joseph mein“, siehe Seite 101).

Krippen waren Lehr- und Lernstücke für das Volk, sie galten als ein wichtiges Mittel der Verkündigung und Vermittlung des Glaubens.

Mit der Zeit wanderten die Krippen in die Häuser. Auch in Norddeutschland liest man von Krippenlandschaften, die im 18./19. Jahrhundert in den Wohnstuben aufgebaut wurden. Zu der Zeit entwickelte sich die Spiel-

zeugindustrie, das in Holzmodeln gepresste Pappmaschee wurde erfunden, es gab mit den Neuruppiner „Krippelbildern“ erste Krippen-Ausschneidebögen und in den bürgerlichen Familien weihnachtliche Papier- und Puppentheater. In Thomas Manns „Buddenbrooks“ lesen wir beispielsweise, wie der kleine Hanno 1869 Weihnachten feiert und ein wunderschönes Puppentheater bekommt. Als eine lebendige, sichtbar gemachte Bibelgeschichte ging das Krippenwesen mit den Jahrhunderten um die ganze Welt – uns allen heute zur Freude als Besucher der Ausstellungen. Sie sind aber immer auch eine Anregung, selber zu „krippeln“.

Bergwerks-Kasteneckkrippe aus dem Erzgebirge, um 1920. Viele der in Norddeutschland gezeigten Krippen stammen aus dieser traditionellen Krippenbauregion.

Heiligabend und die beiden Weihnachtsfeiertage (24. bis 26.12.)

„Jao, dann is et wirklich wohr, dann is Weihnachtsaobend dor", so singt der norddeutsche Liedsänger Knut Kiesewetter – ja, nun endlich ist Weihnachten. Nun ist der Tag da, auf den alle so sehnsüchtig gewartet haben. Das letzte Türchen des Adventskalenders ist geöffnet, das ganze Haus ist voller Geschäftigkeit und Geheimnisse, es duftet nach Tannen, Braunen Kuchen und Honigwachs, ein bisschen auch nach Weihnachtspunsch, und Weihnachtslieder werden gesungen, gesummt und gespielt. Hinter der versperrten Tür der Weihnachtsstube steht schon der geschmückte Tannenbaum, oder er bekommt gerade vom Vater oder von Mutter seine prächtige Verwandlung – wie wird er wieder funkeln und glänzen! In der Küche dampft und schmort es. Kein Zweifel – Heiligabend ist der aufregendste Tag im ganzen Jahr! Für die Jüngsten vom frühen Aufstehen an ein Tag, der nicht enden will. Alle Jahre wieder ist es so.

Da ist es gut, wenn es noch etwas zu tun gibt. In einigen Familien ist es Brauch, dass die Jüngsten die Weihnachtspost und kleine Gaben für die Nachbarn und nahe Verwandte austragen. Wie kleine Weihnachtswichtel stapfen die Kinder los und kommen strahlend zurück, denn sie werden als Überbringer von guten Wünschen ja schon erwartet und bekommen immer als Dank eine Nascherei. Einige Familien überbrücken die quälenden Wartestunden am 24. Dezember

auch mit Singen und Vorlesen von Liedern und Geschichten und üben vielleicht sogar noch für den Abend. Es könnte doch sein, dass der Weihnachtsmann vorbeikommt und ein Kind besuchen will, das ganz „artig", wie man früher sagte, ein Weihnachtsgedicht aufsagen kann: das vom Weihnachtsmann (siehe Seite 85) oder einen anderen kleinen Kindervers. In einigen Familien – vor allem, wenn es viele Kinder gibt – ist es Brauch, dass am Weihnachtstag morgens ein kleiner Kinder-Nasch-Baum geschmückt wird. Die Kinder selbst hängen Lebkuchen und gebackene Zuckerringe in die Zweige, selbstgebastelte Papierketten und Anhänger, Glöckchen und viele Sterne, vor allem aber kleine Naschereien. Es ist lustig, wie die kleinen Weihnachtsmäuse dann miteinander regeln, wer in den Weihnachtstagen wie viel naschen darf. Wie beim Lebkuchenhaus, an dem ja stets mit kleinen Fingern gepult und genagt wird, schmückt Mutter dann immer mal wie ein unsichtbares Christkind nach.
Am 24. Dezember lassen Mutters hochrote Wangen, ihre Eile und vor allem ihre funkelnden Augen ahnen, dass dieses nicht gerade der stillste Tag im Jahr ist – wie ohnehin viel zu selten die Advents- und Weihnachtszeit wegen ihrer vielen Vorbereitungen als „stille" und besinnliche Zeit erlebt wird. Da ist viel zu backen und zu basteln, Geschenke müssen gekauft oder gefertigt werden, Päcklein gepackt, Briefe und Karten geschrieben werden. So ist es Brauch geworden, dass am Heiligabend zur Mittagszeit oder gegen Abend Kartoffelsalat und Würstchen auf

„Der Christbaum" von Franz Schmidt-Glinz (1860–1929) reicht bis zur Decke. Wie freuen sich die Kinder über den dicht behangenen Baum, über die strahlenden Lichter und sicher auch über den reich mit Spielsachen gedeckten Gabentisch!

dem Tisch stehen und schnell die hungrigen Mäuler füllen. Jeder weiß, dass am Abend oder am ersten Weihnachtstag die leckere Gans oder Ente gebraten wird und dass man in den kommenden Festtagen die köstlichsten Speisen schmausen wird.

Der Weihnachtsgottesdienst gehört für viele Familien zum Fest. Mit kleinen Kindern werden Familiengottesdienste besucht – dann wird gesungen, heißt es doch „Ihr Kinderlein, kommet ...", ganz oft wird auch ein Krippen- oder Weihnachtsspiel aufgeführt. Was für eine Aufregung für die Kleinen! Wenn es dann noch schneit, wenn dicke weiße Schneeberge die Welt verzaubern, dann ist die wunderbare Weihnachtsstimmung da. Auch die „Großen" werden weihnachtsselig. Schließlich, bei Einbruch der Dunkelheit, wird es Zeit für den geschmückten Lichterbaum. „Oh, wie der Baum bebte!", schreibt Hans Christian Andersen in seinem Märchen vom Tannenbaum und erzählt, wie er geschmückt war mit „kleinen Netzen, ausgeschnitten aus farbigem Papier, jedes Netz war mit Zuckerwerk gefüllt; vergoldete Äpfel und Walnüsse hingen herab, als wären sie festgewachsen, und über hundert rote, blaue und weiße Lichterchen wurden in den Zweigen festgesteckt". Auch Figurengebäck und Wachsengel hingen wohl in den Zweigen und „hoch oben auf die Spitze wurde ein großer Stern von Flittergold gesetzt". Ein unglaublich prächtiges Bild. Wie auch bei den „Buddenbrooks" von Thomas Mann, da war „der ganze Saal erfüllt von dem Duft angesengter Tannenzweige, er leuchtete und glit-

Ein hoher, mit Schnee bedeckter Lichterbaum, eine heimelige Winterlandschaft vor einem gemütlichen Haus in Wieck auf dem Darß – da kommt Weihnachtsstimmung auf!

zerte von unzähligen kleinen Flammen ... ein gewaltiger Tannenbaum, geschmückt mit Silberflittern und großen, weißen Lilien, einen schimmernden Engel an seiner Spitze und ein Krippenarrangement zu seinen Füßen ..." Theodor Storm schwärmt von den brennenden Wachslichtern und dem vielen Schmuck an seinem Baum und ist sicher, „ein solcher Weihnachtsbaum brennt vielleicht heut Abend in ganz Schleswig-Holstein nicht mehr!"

Das glaubt ganz bestimmt jede Familie, wenn sie mit strahlenden Augen vor dem Lichterglanz steht. Jetzt wird beschert. Es wird gemeinsam gesungen und musiziert. In vielen Familien wird die Weihnachtsgeschichte gelesen, Kinder sagen Gedichte auf. Vor allem dann, wenn der Weihnachtsmann klingelnd und polternd in die Stube tritt. Nein, fast keiner glaubt wirklich an ihn – aber seltsamerweise kennt er alle Wunschzettel und holt, wenn die Kinder in der letzten Zeit wirklich „artig" waren, die schönsten Sachen aus seinem großen Sack! Die Rute lässt er stecken. Dann wird nur noch ausgepackt und gespielt, gelesen und musiziert. Und wirklich jeder darf vom Bunten Teller naschen und darf sich in die Ecke hocken und sich freuen. Einfach freuen über die Geschenke, über allen Schmuck, über die kostbaren Krippenfiguren und über das herzliche Miteinander am Weihnachtsabend. Viele, besonders junge Leute, gehen nachts, gegen Mitternacht, in die Christmette und beschließen so den ganz besonderen Tag.

„Der große Augenblick – die Bescherung am Weihnachtsabend" – die um 1890 nach einem Aquarell von Johannes Raphael Wehle entstandene Lithografie strahlt pure Weihnachtsfreude aus!

An den Weihnachtstagen treffen sich die Familien. Man besucht einander, zieht von Haus zu Haus, fährt durch die Lande und freut sich am gemeinsamen festlichen Mahl. Alte Geschichten werden hervorgeholt, viel „Weißt-Du-noch" erzählt, und in einigen Familien werden auch die alten Brettspiele und die Karten zum Spielen in fröhlicher Runde bereitgelegt. Dann kommen – selbst, wenn Küche und Keller Hochzeiten erleben und für viel Arbeit sorgen – endlich die „stillen", die besinnlichen Tage in den Raunächten, wie die Zeit „zwischen den Jahren" genannt wird.

Die Weihnachtsgeschichte auf Plattdeutsch
(Lukas 2,1–20)

Dat weer to de Tiet, as de Kaiser Augustus den Befehl rutgahn leet, dat all de Bewahners vun dat Röömsche Riek in Stüerlisten inschreven warrn schullen.
Düt Inschrieven to en Stüer weer wat heel Nies, un dat worr maakt, as Cyrenius den Kaiser sien Statt-holer in Syrien weer.
Un all de Lüüd güngen hen un leten sik inschrie-ven, jeedeen na sien Heimatstadt.
Ok Joseph maak sik domals up'n Weg ut de Stadt Nazareth in Galiläa hen na de Davidstadt Bethle-hem in Judäa, denn he weer ut David sien Huus un Familie.
Dor schull he sik inschrieven laten mit Maria, de em antruut weer. De schull Moder warrn.
Un as se nu dor weren, keem de Tiet, dat Maria to liggen kamen schull.
Un se kreeg ehren eersten Söhn un wickel em in Winneln un legg em in en Krüff; denn anners harrn se kenen Platz in de Harbarg.
Un in de Gegend, dor weren Harders up'n Fellen, de passen bi de Nacht up ehr Veeh up.
Un süh, mit eenmal stünn den Herrn sien Engel vör ehr, un unsen Herrgott sien Herrlichkeit lücht üm ehr rüm; un se verfehren sik över de Maten.
Un de Engel sprook to jüm: „Weest nich bang; höört to, ik bring Ju en grote Freud, de dat hele Volk todacht is. Denn för Ju is vundaag de Heland boren, dat is Jesus Christus, de Herr, in David sien Stadt. Un dat is för Ju dat Teken: Ji finnt dat Kind wickelt in Winneln, un liggen deit dat in en Krüff."
Un up eenmal weer bi den Engel dat heel him-melsch Heer, dat lööv Gott un sprook:

„Ehr för Gott in de Hööchd, Freden up de Eer un för de Minschen en depe Freud."
Un as de Engels sik wedder na'n Himmel torüchtrocken, seen de Harders een to'n annern: „Laat uns nu hengahn na Bethlehem un sehn, wat dor schehn is, wat de Herr uns künnig maakt hett."
Un se spoden sik un funnen beid, Maria un Joseph, dorto dat Kind, dat in en Krüff liggen dee.
As se dat nu sehn harrn, vertellen se överall, wat se vun düt Kind to hören kregen harrn.
Un all de Lüüd, de dat hören deen, wunnern sik över dat, wat de Harders jüm vertellt harrn.
Maria aver kunn all düsse Wöörr nich vergeten un leet ehr sik ümmer wedder dörch ehr Hart gahn.
Un de Harders güngen wedder torüch un löven Gott ümmer wedder för all dat, wat se höört un sehn harrn, un wat allens nipp un nau so weer, as man ehr dat vertellt harr.

Übertragung von Heinrich Thies, Fehrs-Gilde,
www.fehrsgilde.de

Aberglaube während der Raunächte

Hufeisen sollen Glück bedeuten, aber auch gegen böse Geister und Naturkatastrophen schützen – dann sollte man sie allerdings mit der Öffnung nach unten aufhängen, denn sie sollen ja vor Unbill von oben schützen, wie zum Beispiel Blitzschlag.

Die Welt wird immer moderner und aufgeklärter, fast alles weiß man, fast alles lässt sich erklären. Und doch gibt es immer noch viel Unerklärliches und viel Aberglauben, was man tun darf – oder eben nicht. Auch und gerade in der dunklen Jahreszeit ...

Nein, wir waschen im Norden keine Wäsche zwischen den Jahren, das bringt nur Tod und Unglück. Und ausgeliehen wird in diesen Tagen schon gar nichts, das trägt das Glück aus dem Haus. So sagt und denkt mancher. Es ist gar nicht so lange her, da war das alles sehr gegenwärtig und machte zuweilen sogar Angst. Die „Raunächte“ und die „Zwölften“, wie die Tage von der Winterwende bis zum 6. Januar, also Epiphanias, heißen, waren geprägt von abergläubischen Vorstellungen. Da schwirrten Geister und Dämonen ums Haus, die „Rauen Perchten“ trieben ihr Unwesen, also die winterlichen Umzugsgestalten, die Schreckfiguren waren und damit ein Gegenpart zu den Heiligen. An solches glaubte man einst in allen Ländern unseres Kontinents – Reste sind im Brauchtum noch erhalten.

Man räucherte also die Häuser aus, legte Stroh aus der letzten Garbe aus, hängte Hufeisen und grüne Zweige über die Tür, auch eine Knoblauchzehe gegen Hexen und vergaß auch nicht, den Besen diagonal als Kreuz in die Haustür zu stellen und irgendwo ein Kreuz aufzumalen. So vertrieb man den Teufel und das Böse. Man kann es kaum glauben, aber da solche Dinge von Ge-

neration zu Generation weitererzählt werden, gibt es manches immer noch:
Im tiefsten Pommern hält sich der (Aber-) Glaube, dass im Dunkel der Nacht der Schimmelreiter Wode (also Wotan) mit seinem wilden Heer unterwegs ist und von Geistern und gefährlichen Tieren begleitet wird, die alle Unglück bringen. Also müssen die Türen verschlossen und alle Gerätschaften unter Dach und Fach gebracht werden. Eigentlich musste früher bis Weihnachten auch das ganze Garn versponnen sein, und jegliche Arbeit mit drehender Bewegung war verboten – was dann auch der Grund für das Thamsen am Thomastag war (siehe Seite 104). Immer fürchtete man das Unheil und die Hexen, die in alles hineinfahren würden. Um die Geister zu verscheuchen, macht man auch heute noch möglichst viel Lärm, schießt die Dämonen aus und zieht mit der knallenden Peitsche durchs Dorf, singt fröhliche Lieder und poltert herum. Gesang und Tanz gehören dazu. Volle Teller und Tische beweisen, wie gut es einem geht, und beschwören ein gutes neues Jahr. Sicherheits-

Wilder Brauch im frühen Ostpreußen, Ermland und Pommern: Der Weihnachtsmann bringt zur Bescherung seine lärmende Schimmelreitergruppe mit. Es sind wilde Gesellen – vom Storch bis zum Tanzbär und einem Pracherweib, also einer Bettelfrau. Nach wildem Getümmel gibt es für die Kinder Äpfel, Pfefferkuchen und Zuckernüsse.

Der „Heilige Michael als Bezwinger des Satans" – diese Holzskulptur, um 1750 von Ignatz Günther gearbeitet, weist auf den Schutzpatron und Erzengel hin, der uns vor allem Bösen bewahren soll.

Das Wahrsagen ist eine alte Kunst, wie dieses Ölgemälde aus Venedig zeigt. Es ist von Pietro della Vecchia (1605–1678) gemalt worden.

halber werden den unsichtbaren Hausgeistern in diesen Tagen volle Schüsselchen mit Reisbrei oder Resten vom Essen hingestellt. Die kleinen Heinzelmännchen oder Zwerge, die bärtigen skandinavischen Nisse oder Tomten, im Schleswigschen Nis Puk mit der roten Zipfelmütze – sie bewachen schließlich Haus und Stall und verhindern allerlei Unglück. So die Sagen. Man isst fett und backt im Fett, damit das neue Jahr gut wird. Man verspeist auch viele kleine Körner – Reis und Roggen, Erbsen und Linsen, viel Mohn – denn jedes Körnchen trägt im neuen Jahr einen Taler ins Haus. Vom Karpfen bewahrt man die schönste Schuppe auf und steckt sie in die Geldbörse, das bringt Geld und Glück. Man orakelt beim Blei- und Pfannkuchen-Gießen und versucht, Schicksal zu spielen und in die Zukunft zu schauen, auch heute noch. Zwischen den Jahren – das ist ein Begriff, der vor Jahrhunderten durch die Kalenderreform entstanden ist. Wie schon erzählt galt bis über das Mittelalter hinaus der julianische Kalender, den Julius Caesar umgesetzt hatte, ab 1582 wurde der viel genauere,

nach Papst Gregor XIII. benannte gregorianische Kalender eingeführt. Aufgrund konfessioneller Unterschiede dauerte es aber lange, bis die Reform überall realisiert wurde. So wechselten die Jahresanfänge und die Festtage lange Zeit und gerieten „zwischen die Jahre“. Viele kalendarische und brauchtümliche Besonderheiten entstanden zwischen der Wintersonnenwende (21./22.12.) und dem Dreikönigstag (6.1.), die man regional unterschiedlich als Raunächte und als die Zwölften bezeichnete.
Auf dem Lande waren diese Winterwochen fröhliche Zeiten für die jungen Leute. Sie zogen in Scharen spielend und feiernd von Hof zu Hof zum „Julen und Jorten“ (also zum fröhlichen Beisammensein in der Weihnachtszeit). Es brauchte ja wenig, „een Mund vull Snack, een Piep Tobak, een köhlen Drunk un een lustgen Sprung“, so der Volksmund. Also fröhliche Gespräche, eine rauchende Pfeife, ein kühles Getränk, möglichst gehaltvoll, und eine lustige Tanzerei. Man sammelte von Hof zu Hof Eier, Speck und Brot und hatte genug daran. Die Musik hatte man dabei, denn jeder spielte irgendein volkstümliches Instrument. Nach dem Sommerhalbjahr mit tage- und nächtelanger Arbeit, nach den kräftezehrenden Erntearbeiten und dem Schlachten und Bevorraten auf den Höfen brachten die Winter- und Weihnachtstage die gewünschte Erholung. Urlaub wie heute kannte man ja nicht. Nur in ganz besonderen Zeiten wie zur Jahreswende durfte die Arbeit ruhen.

Silvester und Neujahr (31.12. und 1.1.)

Silvester I., der am 31. Dezember starb, war von 314 n. Chr. bis zu seinem Tod 335 Bischof von Rom. Er wurde als erster Papst heilig gesprochen und ist Patron für eine gute Ernte und ein gutes neues Jahr. Mosaik aus der Basilika San Marco, Venedig.

Wer denkt schon an einen alten Papst, wenn er an Silvester Böllerschüsse und Raketen in den Himmel jagt und fröhlich lärmend durch die Straßen zieht! Wenn es kracht und blitzt und knallt! Der laute Abschied vom alten Jahr und der heitere Start ins neue haben aber ganz viel mit alten Kirchenvätern zu tun. Zunächst einmal mit Papst Gregor XIII., denn erst seit dem gregorianischen Kalender, der 1582 verordnet wurde, liegt der Beginn des neuen Jahres auf dem 1. Januar und endet das alte Jahr daher mit dem 31.12. Diesem Tag wiederum, dem Altjahrsabend, gab der große Papst Silvester I., der im 4. Jahrhundert lebte und an einem 31.12. starb, schließlich den Namen. Der im Jahr 813 heiliggesprochene Silvester gilt als Schutzpatron für ein gutes neues Jahr.

Wobei wir wissen, dass nicht die ganze Welt denselben Jahresbeginn feiert, verschiedene Kulturen und Religionen leben nach ganz anderen Kalendern – Juden und Moslems beispielsweise orientieren sich nach Mondjahren, die Iraner nach Sonnenjahren. Das neue chinesische Jahr beginnt – wechselnd – zwischen Januar und Ende Februar. Es gibt orthodoxe Kirchen, die ihre Feste weiterhin nach dem julianischen Kalender ausrichten, was man nicht nur an unserem feststehenden Weihnachtsdatum bemerkt, sondern ganz besonders an dem beweglichen Feiertag Ostern, dessen Datum wegen einer anderen Berechnungsmethode zusätzlich stark vom julianischen Kalender abweicht.

1905 zeichnete der aus Bad Segeberg stammende Maler und Kunstprofessor Karl Storch diese „Neujahrssänger in Schleswig-Holstein". Die Knabengruppe überbringt singend gute Wünsche und heimst kleine Gaben ein, meist Essbares.

Auf jeden Fall aber verabschieden wir uns im westlichen Kulturkreis, auch im Norden, am 31. Dezember vom alten Jahr und begrüßen um Mitternacht das neue. Mit viel Spektakel. Ein altes Jahr, etwas Vergangenes mit Lärm zu verjagen, das haben wir schon aus uralten, vorchristlichen Zeiten übernommen. Dabei haben Lärmbräuche immer auch etwas Lustiges. So gibt es in alten Chroniken viele Berichte über das „Schießen am Neujahrstage, sowie das Werfen der Töpfe und Bouteillen an die Türen und Fensterläden". Auf Helgoland beispielsweise heißt der Silvesterabend wegen der Polterei „Pottensmieterinn", also der Topfschmeißerabend. Am „Olljohrsabend" (Altjahrsabend) und an „Niejohr" (Neujahr) zogen im Mecklenburger Land die jungen Männer von Hof zu Hof

Mit großem Feuerwerk wird allenthalben – auch im Norden – das alte Jahr verabschiedet und das neue begrüßt.

und knallten mit ihren Peitschen die Dämonen und bösen Geister aus. Und heute erhellen wir alle Himmel mit Tausenden von Feuerwerkskörpern.

Es ist auch ein großer Spaß, ein lauter und fröhlicher, wenn Silvester überall im Norden die Rummelpottkinder herumziehen, wild geschminkt und verkleidet und lauthals singend. Der Rummelpott, der zuweilen auch Brummtopf genannt wird – zum Beispiel in Pommern –, ist ein selbst gebasteltes Lärminstrument, das man früher beim Schweineschlachten bastelte. Man nahm einen tönernen Topf, zuweilen auch eine Blechdose, zog die frische Schweinsblase über die Öffnung, befestigte zuvor in der Mitte mit einem Band ein langes Reet-Rohr, das lang in den Topf hineinragen musste, aber die Blase nicht

„Rummelpott" heißt das Gemälde von Willem Grimm (1904–1986), das in der Hamburger Kunsthalle zu bestaunen ist. Was für eine lustige Schar tummelt sich da auf dem Weg durch die Nacht! Wild und bunt verkleidet, halb Mensch, halb Tier, gehen sie auf ihre Heischegänge (Bettelumzüge).

durchstechen durfte, und ließ diesen Brummtopf dann gut trocknen. Die Schweinsblase wurde damit zur festen Membran, der Topf zum Resonanzboden für das mittig aus dem Topf herausragende Rohr. Mit feuchter (Spucke-)Hand rieb man dann an dem Rohr auf und ab und erzeugte so einen dumpfen Brummton – das Rummeln, zu dem gesungen wurde. Längst haben findige Bastler ausgetüftelt, dass man auch aus irdenen Bechern samt Plastikfolie und Strohhalm eine moderne Art von Brummtopf für Kinderspiele basteln kann. Die traditionellen Rummelpötte werden nur noch selten hergestellt. Ihr traditioneller Ton allerdings ist unvergleichlich. Das Rummelpottlaufen ist ein alter Heischebrauch, also das erlaubte Herumziehen und „Betteln". Im ganzen Norden ist dieser Brauch seit Jahrhunderten belegt. Die Kinder verkleiden und vermummen sich, singen ihre traditionellen Bettel-Lieder und bekommen Süßigkeiten und kleine Gaben. „Fruken, maak de Dör op! De Rummelpott will rin." (Frau, mach' die Tür auf,

Verkleidete Rummelpottsänger klopfen an die Tür und erbitten kleine Gaben, Apfelkuchen, kleine Würste, Obst und Gebäck – so ist es von alters her im Norden Brauch.

Rummelpottverse

Fruken, maak de Dör op, de Rummelpott will rin,
da kommt een Schipp ut Holland,
dat het keen goden Wind.
Kaptein wulln wi reisen,
Kaptein wulln wi preisen,
sett den Segel op de Kopp
un giv mi wat in' Rummelpott.
(Die Welt der niederdeutschen Kinderspiele, hrsg. von Alfred Cammann, 1970, S. 143)

Rummel Rummel rusch
De Niejohr sit in'n Busch
Gif mi eenen Appelkoken
Oder eene Wursch
Is de Wursch to kleen
Gif mi twee för een.
Een Huus wider wohnt de Snider,
Een Huus achter wohnt de Slachter
Een Huus achteran wohnt de lütje Wiehnachtsmann.
(www.flensburg-online.de)

Rummel, rummel rooken,
schenk mi'n Appelkooken
Laat mi nicht so lang hier staahn,
ick mütt noch'n Huus wiedergaahn.
Een Huus wieder wohnt'n Snieder,
een Huus achter wohnt'n Slachter.
Hein, häst nich 'n lütten Swaaden?
Jo, ick heff woll een,
dörff em aber nich verleen.
Wenn dat mien Mudder weet,
haut see mi denn Puckel breet.
Een, twee, dree, veer, fief, söß, söben,
uns oll Katt hät Junge kreegen,
eene witt, de anner swatt,
un een ganz verdübelt Katt.
Prost Neejohr!
(aus Blankenese)

der Rummelpott will reinkommen!) So beginnt eines der an Versen reichen Lieder. Damit ziehen die Kleinen von Haus zu Haus und starten reich beschenkt in den Silvesterabend.
Die „Großen“ verkleiden sich auch. Auf der nordfriesischen Insel Föhr ziehen sie heute noch als „Kenkner“ mit Masken und Verkleidung lärmend über die Dörfer, singen und sagen in den Häusern ihre Sprüchlein auf, häufig friesisch, und wünschen dem Hause Glück. Auf der Insel Amrum kommen die in Stroh gewickelten „Hulken“ mit ihren ganz eigenwilligen Darbietungen. „Sünjhaid“ und „Seegent Neijuar“ sagen sie alle, wünschen also Gesundheit und ein gesegnetes neues Jahr und stoßen mit Schnaps oder Punsch auf das neue Jahr an. Dann ziehen sie weiter. Sie sind ausgesprochen fröhliche Gesellen am Ende der Nacht, wenn sich alle Kenkner und Hulken im Gasthaus treffen. Groß aufgetischt wird dann und reichlich getrunken. In manchen Orten zog früher sogar noch der Nachtwächter durch die Häuser und wünschte um Mitternacht Glück – mit Back-

werk und Punsch bewirtet hatte er dann eine ziemlich gute Nacht ...
Ohnehin wird ja festlich gespeist am Silvesterabend, schließlich ist auch dieser einer der „Vullbuuksabende“, die zeigen sollen, wie's im nächsten Jahr aussehen soll. Viel Fisch steht da traditionell auf den Tischen, zumindest der hausgemachte Heringssalat. Aber auch die Erbsensuppe war wohl ein beliebtes Silvestergericht – als Symbol für das neue Jahr. Schmackhaft und die Erbsen reich an Zahl und damit gut für viele Taler ... Im Emsland musste am „Olljohrsobend“ der „dicke Ries mit Plumen“ (dicker Reis mit Pflaumen) gekocht werden. Und wehe, die Schüssel wurde leer! Heutige Gutjahrsessen – wie man die Familienessen mit allen Angehörigen gerne nennt – finden meist um den Fon-

Auf der Nordseeinsel Föhr ziehen an Silvester die „Kenkner“ herum. Auf der Nachbarinsel Amrum sind es die ebenfalls verkleideten „Hulken“. „Seegent Neijuar“ wünschen sie, ein gesegnetes neues Jahr. Am Ende feiern all die vielen kleinen Gruppen zusammen im Dorfkrug und starten feuchtfröhlich in den Neujahrstag.

due-Topf statt. Da isst jeder, was er mag, und in geselliger Runde plaudert es sich gut.
In anderen Landen – im früheren Ostpommern beispielsweise – denkt so mancher auch noch an ganz alte, wilde Zeiten, wenn er in den „Zwölften" lustig verkleidet und lärmend durch die Dörfer zieht. Da verwandeln sich junge Leute in wahre Ungetüme aus dem Tierreich, tragen Masken und Felle, rasselnde Ketten als Brummbär, machen höllischen Lärm und haben auch Musikanten mit der Teufelsgeige, mit Ratschen und Knarren und dem Brummtopf dabei. Also mit allerlei meist selbst gebastelten Lärminstrumenten, die im Volksbrauch weit verbreitet waren. Auch Pannkokenkapellen („Pfannkuchenkapellen") ziehen in dieser Zeit herum, die ländlichen Musikanten mit ihren verbogenen und zuweilen selbst gemachten Instrumenten – ein großer Spaß, der beim „Festbetteln" durch reichliche Gaben und genügend handfeste Trünke belohnt wird.
Eine lustige Sitte ist auch die „Punschbeichte" der Mecklenburger am Altjahrsabend. Da gibt es reichlich zu essen, von allem etwas, und dann muss jeder in der Tischrunde eine Lügengeschichte erzählen und „beichten", was er im vergangenen Jahr angestellt hat. In nur wenigen Sätzen. Der beste aller Schwindler wird Sieger und darf einen Doppelten heben! Den Rest der Nacht wird gefeiert! Und alles ist fröhlich und gut, damit das neue Jahr gut wird – es wird mit einem ausgedehnten gemeinsamen Frühschoppen begangen, zu dem man die ganze Familie, samt Kind und Kegel, mitbringt.

Mit einem riesigen, fröhlichen Schneemann begrüßen die Kinder das neue Jahr. Den Zylinder hat er schon auf seinem großen Kopf, den Tannenzweig im Arm. Schnell noch eine Möhre als Nase aufgesteckt – fertig ist der eisige Spielgefährte (kolorierte Postkarte von 1910).

„Prosit!“ auf das neue Jahr wünscht man überall – und mancher fügt laut oder leise „schiet ops olle Johr“ hinzu – und „guten Rutsch“, also eine gute Reise in das neue Jahr (dass es sich um eine verballhornte jiddische oder rotwelsche Redewendung handelt, ist viel zitiert, aber auch sehr umstritten). Auf jeden Fall lässt man damit alles Alte hinter sich. Das gelingt besonders gut, wenn man beim Jahreswechsel vom Stuhl oder Tisch springt, sozusagen aus dem alten in das neue Jahr. Es soll Regionen geben, wo das nackt und stillschweigend geschehen muss und dreimal – zur Beschwörung nicht nur der Geister, sondern auch im Gedanken an die Dreifaltigkeit. So sind die Abergläubischen, die sich gerne doppelt versichern …

Zutaten zu einem gelungenen Silvesterfest: Knallende Sektkorken um 24 Uhr, Luftschlangen, buntes Konfetti und Berge von Berlinern.

Zum Neujahrstag schickte man sich, als es ab Ende des 19. Jahrhunderts bunte Bildpostkarten gab, viele gute Grüße. Größere Schulkinder schrieben und gestalteten selber Neujahrswünsche. Wohlgeformte Verse und Dankesworte, bunte gemalte Bilder, kunstvolle Scherenschnitte und Verzierungen – einmal im Jahr wurde so den Eltern mit viel Herzlichkeit gedankt.

Manche alte Bräuche werden auch heute wieder aufgenommen – so ziehen am Neujahrstag manchenorts wieder verkleidete Umsinger mit Sack und Beutel – in Niedersachsen zum „Neijohraffwinnen“ – und auch die Glück bringenden Schornsteinfeger oder Kaminkehrer herum und tragen das Neujahrsglück in die Häuser – kleine symbolische Gaben wie Glücksschweine, Hufeisen,

Fliegenpilze, Glücksklee und Schornsteinfeger sowie viele glückbringende Neujahrsgebäcke. Sie werden belohnt durch kleine und große Förtchen, Berliner und Waffeln, den kräftigen Schluck gibt es immer dazu. In Niedersachsen schenken sich traditionell lebende Familien immer noch bunt behängte Tunscheren oder Wäpelraut (siehe Kapitel Weihnachtsbaum, Seite 182) als Neujahrsgrüße.

Besonders an Silvester ist es Brauch, Berliner – im ostdeutschen Raum und in Berlin Pfannkuchen genannt – zu verspeisen. Als scherzhafte Sitte werden einzelne Exemplare des Festtagsgebäcks mit Senf statt mit Konfitüre gefüllt.

Dreikönigstag / Epiphanias (6.1.)

Als Könige verkleidet mit dem Stern auf dem Stab kommen sie an die Haustür, schreiben mit geweihter Kreide ihr C + B + M (für Caspar, Balthasar und Melchior) über die Haustür, die Jahreszahl dazu und bitten um eine Spende für einen wohltätigen Zweck. Die Sternsinger sind unterwegs. So ist es Brauch seit dem 16. Jahrhundert am Dreikönigstag. Die katholische Kirche hat die Segnung der Häuser am Epiphaniasfest eingeführt und zugleich die Haussegnung mit Weihrauch (als Symbol für das Gebet), weißer Kreide (gegen die Dämonen) und Wasser, das die Sünden abwäscht. Gespendet wird für einen guten Zweck – mit großen öffentlichen Auftritten, Ministerpräsidenten und Bürgermeister empfangen heutzutage die bunte Schar und stecken ihren Obolus in die Spendendosen. Epiphanias, Erscheinung des Herrn – das ist der kirchliche Name für den 6. Januar, der auch als Tag der Taufe Christi im Jordan gilt. Im Volksmund heißt dieser Tag gelegentlich auch Groß-Neujahr oder Hoch-Neujahr, war er doch das Ende der sogenannten Zwölften und damit Beginn alles Neuen. Darauf trank und feierte man seit alter Zeit.

Wir glauben aber auch, dass an diesem Tag, den wir auch Dreikönigstag nennen, die Weisen aus dem Morgenland von einem Stern geführt zur Krippe nach Bethlehem kamen, um das Kind zu sehen. Was für schöne Legenden gibt es um Caspar, Balthasar und Melchior, um die Magier, die zu Königen wurden, sogar von einem verloren gegange-

Das Christuskind ist geboren, Maria und Josef präsentieren es stolz, Ochs und Esel schauen zu. Da folgt dann die „Anbetung durch die Weisen aus dem Morgenland". Taddeo di Bartolo (1363–1422) malte dieses glanzvolle Gemälde mit den Heiligen Drei Königen.

nen vierten König erzählt man. Die alte Kirchenlehre des Beda Venerabilis im Jahr 700 besagt: Es waren drei Könige, drei christliche Glaubensrichtungen, drei Lebensalter, drei Kontinente, drei symbolische Gaben (Gold, Weihrauch, Myrrhe). Man glaubt daran, dass die drei Könige im Jahr 54 n. Chr. gestorben sind und dass ihre Gebeine im 12. Jahrhundert nach Köln transportiert wurden, wo man sie noch heute verehrt.

So gibt es genügend Stoff für fantasievolle Legenden und genügend Vorlagen für christliche und weltliche Bräuche, für Krippenspiele, Sternsinger und Feiern am Dreikönigstag. Durch Europa und auch in den Norden eingewandert ist die Sitte, für diesen Tag einen Königskuchen zu backen (Rezept nächste Seite), in dem sich eine Münze oder Bohne versteckt. Wer sie findet, wird als König ausgerufen und begrüßt dann mit einem Trunk seine Festgesellschaft. Viele Gemälde aus dem alten Europa zeigen solche ausgelassenen Situationen – „der König trinkt", heißt es da. Längst ist im Volksbrauch daraus ein Bohnen- oder Narren-

könig geworden, der für einen Tag über ein buntes, karnevalistisches Reich und Volk herrscht.
Die Dreikönigsumzüge der Sternläufer sind auch im Holsteinischen vielfach dokumentiert. Dazu gehören natürlich ihre volkstümlichen Lieder.

Sternsinger sind kleine Könige, sie ziehen von Haus zu Haus, die Kronen auf dem Kopf, den Stern auf dem Stecken, und bringen gute Wünsche und Gottes Segen (Postkarte aus dem Jahr 1940 von Karl Voß).

Sternsingerlieder

Hier treten wir an mit unserem Stern,
den Herrn, den wollen wir loben und ehrn.
Wir wünschen dem Herrn einen goldenen Tisch,
auf allen vier Ecken Brathühner und Fisch.
Wir wünschen der Madam eine goldene Kron,
auf künftiges Neujahr einen jungen Sohn.
Wir wünschen der Tochter einen goldenen Kamm,
auf künftiges Neujahr einen Bräutigam.
Wir wünschen dem Sohn einen Ziegenbock,
worauf er kann reiten hopp, hopp, hopp.
Wir wünschen der Köchin ein fröhlich Neujahr,
dass sie mit der Schüssel zum Schornstein ausfahr.
Ist hier kein Schornstein auf diesem Haus,
so fahr sie zu Fenstern und Türen hinaus.

„Alle Jahre wieder ... Weihnachten in Kiel", Ausstellungskatalog Kieler Stadtmuseum 1985

Wir Heiligen Drei König, wir kommen von fern,
wir suchen den Heiland, den göttlichen Herrn.
Da stehet vor uns ein hell leuchtender Stern,
er winkt uns gar freundlich, wir folgen ihm gern.
Er führt uns vorüber vorm Herodes sei'm Haus,
da schaut der falsch' König beim Fenster heraus.
Er winkt uns so freundlich: „O kommt doch herein,
ich will euch aufwarten mit Kuchen und Wein."
Wir können nicht weilen, wir müssen gleich fort,

wir müssen uns eilen nach Bethlehems Ort.
Es ward uns durch Gottheit die Kunde zuteil,
dass ein Kind ist geboren, das der Welt bringt das Heil.
Wir kommen im Stall an, finden das Kind,
viel schöner und holder, als Engel es sind.
Wir knien uns nieder und beten es an,
o Herr, nimm die Gabe aus Dankbarkeit an:
Gold, Weihrauch und Myrrhen, das reichen wir dir,
führ du uns dann einstens in'n Himmel von hier!

(Volksmund)

Rezept für Königskuchen

Zubereitung

Aus allen Zutaten einen Rührteig herstellen. Dabei die Sultaninen, Korinthen und Mandelstifte, das Zitronat und das Orangeat erst am Ende unterrühren. Kastenform fetten und mit Grieß ausstreuen. Teig einfüllen. Bei mittlerer Hitze (E-Herd: 200 °C/Umluft 175 °C/Gas: Stufe 3) 75–80 Minuten backen. Stürzen, auf einem Kuchengitter unter einem Tuch auskühlen lassen.

Wenn der Königskuchen für ein Bohnenkuchenfest gebacken wird, muss vor dem Backen im Teig eine große Bohne versteckt werden. Es kann auch eine geschälte Paranuss sein. Wer die Bohne findet, wird „Bohnenkönig" und erhält ein Geschenk.

Zutaten

200 g Margarine
250 g Zucker
1 Päckchen Vanillezucker
50 g gemahlene Mandeln
4 mittelgroße Eier
abgeriebene Schale von 1 unbehandelten Zitrone
200 g Sultaninen
50 g Korinthen
100 g Mandelstifte
50 g Zitronat
50 g Orangeat
1 große Bohne – oder eine Paranuss
Fett für die Form
Grieß für die Form

(Menge für eine mittelgroße Kastenform)

Schluss mit Feiern an Ketel und Knut (13.1.)

Gäbe es kein schwedisches Möbelhaus und auch keine überlieferten Bauernregeln – wer wüsste schon, dass es einen Tag im Januar gibt, der den Namen eines großen dänischen Königs aus dem 11. Jahrhundert trägt? Der 13. Januar ist dem Heiligen Knut gewidmet und erinnert an Knut IV., der einer der großen Könige und Missionare Nordeuropas war, ein Schutzpatron Dänemarks. König Knut ordnete an, dass die Weihnachtstage bis zum 13. Januar reichen. So plündern die Kinder heutzutage in den skandinavischen Ländern den Weihnachtsbaum am 13. Januar (im deutschen Norden bereits am 6. Januar, am Dreikönigstag) und dann wirft man die Bäume aus dem Fenster und feiert. Ein großer schwedischer Möbelkonzern benutzt dieses Bild und den Tag für seine Werbung.

Im Kirchenjahr gilt der 14. Januar als Tag der Flucht der Heiligen Familie vor dem grausamen Herodes. In der Nacht davor erschien Josef ein Engel im Traum und forderte ihn auf – so steht es im Evangelium – „steh auf, nimm das Kind und seine Mutter und flieh nach Ägypten“.

Im Bauernjahr im Norden weiß man: „Op Ketel un Knut is de Jul un dat Jorten ut.“ Weihnachten und das Feiern der jungen Leute in den Häusern und auf den Scheunen – das ist nun vorbei. Jetzt wird wieder gearbeitet. Aber jetzt beginnen auch die Feste draußen, auf dem Tanzboden, in den Gasthäusern, in den Vereinen. Bis Ostern. „Ketel, Ketel Knut,

„Das Zuckerzeug war bald verzehrt, da ward der Christbaum abgeleert, wehmütig steh'n herum die Kleinen; auf's Jahr erst gibt es wieder einen." So lautet der Vers zu dem kolorierten Holzstich „Der Weihnachtsbaum wird geplündert" aus dem Münchener Bilderbogen vom Ende des 19. Jahrhunderts.

Wiehnachten un Niejahr is ut. Futtjen eten un Branntwien drinken is vörbi, Gasteern un Flankeern steit frie." Dieser Vers aus dem Schleswiger Land bedeutet, dass die Treffen in den letzten Wochen des Jahres, wo man Förtchen aß und Branntwein oder Punsch trank, nun vorbei sind. Nun trifft man sich am Ende der Arbeitstage – meist am Sonnabend – zur „Gasterei" (viel gutem Essen) und zu Spiel und Tanz, zum „Flankeern". Das „steit frie" – das steht nun an. Wobei niemand so richtig weiß, wer der heilige Ketel wohl war, obwohl die schöne Keitumer Kirche (auf Sylt), heute St. Severin, einst den Heiligen Ketel und Knut gewidmet gewesen sein soll.

Wie auch immer – mit dem 13. Januar neigt sich im bäuerlichen wie im Kirchenjahr die Weihnachtszeit dem Ende zu. In der katholischen Liturgie und im Volksbrauch folgt nur noch der 2. Februar, Mariä Lichtmess.

Das Ende des Weihnachtszyklus, Mariä Lichtmess (2.2.)

Nun ist Weihnachten wirklich vorbei. Am 2. Februar, dem vierzigsten Tag nach der Christgeburt, wird Mariä Lichtmess in der katholischen Kirche gefeiert, der letzte Tag im Winter- und Weihnachtszyklus. Es ist der Tag, an dem – dem mosaischen Gesetz entsprechend – Maria und Josef ihren Erstgeborenen in den Tempel brachten, wo der weise Simon und die Prophetin Hanna in ihm den Erlöser Israels erkannten.

Die christlichen Religionen haben auf der Grundlage uralter, auch vorchristlicher Rituale den 2. Februar zum Tag der Lichterprozessionen und der Kerzenweihe gemacht und ihn als Ende des Weihnachtsfestkreises bestimmt. Das galt dann auch für das bäuerliche Jahr. Die Winterarbeiten drinnen waren getan, die neuen Kerzen waren gegossen, nun wurde draußen bei zunehmendem Licht gearbeitet. Mit Lichtmess endete das Dienstjahr für alle Arbeitsleute, man feierte ein letztes Mal ausgiebig, bevor das neue Arbeitsjahr und vor allem die harte Arbeit draußen begannen. Mit Fackelumzügen, mit Lichtmess-Baken, also übermannshohen Feuer-Stangen, auch mit Feuerstapeln, die himmelhoch aufloderten, wurde das Fest regional ganz unterschiedlich begangen. Bei den einen abends am Lichtmesstag, bei anderen am Abend vor dem Petritag, also erst am 21. Februar. Immer aber sprach man vom Biike- oder Beekenbrennen und immer war damit der Winter endgültig vorbei.

Weithin leuchten die Feuer in den dunklen Nächten, wenn an der Küste Nordfrieslands sowie auf den Nordseeinseln und -halligen das Biiken gefeiert wird. In der Petrinacht (21./22. Februar) wird dem Winter der Garaus gemacht.

Rezepteverzeichnis

Gebäcke

Getränke

Festtags- und Winterspeisen

Rüdiger Vossen

Weihnachtsbräuche in aller Welt

Von Martini bis Lichtmess

336 Seiten mit 107 Abbildungen

Klappenbroschur

ISBN 978-3-8319-0474-7

Spannende Geschichten vom Nikolaus und dem Weihnachtsmann, von den Krippen und den Heiligen sowie von der Wintersonnenwende und seinen Klopf- und Raunächten erzählt Rüdiger Vossen. Achtzig Tage umfasst der Weihnachtsfestzyklus, und jedes Fest – von St. Martin im November bis Mariä Lichtmess Anfang Februar – hat rund um die Welt in den Sitten und Gebräuchen ebenso wie in allen materiellen Ausdrucksformen immer neue Variationen erfahren. Selbst innerhalb Deutschlands ist die Bandbreite des weihnachtlichen Brauchtums groß. Das eher römisch und katholisch geprägte Süddeutschland sowie das Rheinland feiern anders als das eher germanisch und protestantisch geprägte Nord- und Ostdeutschland. Der Bogen wird über Europa, Amerika, Afrika und Asien gespannt und lädt dazu ein, die alten und neuen Bräuche aktiv zu erleben und zu gestalten.

Rüdiger Vossen

geb. 1941 in Bonn, studierte Ethnologie, Vor- und Frühgeschichte und Alt-Amerikanistik in Göttingen, Berlin und Hamburg. Von 1968 bis 1994 war er Leiter der Eurasien-Abteilung, zuletzt kommissarischer Direktor am Museum für Völkerkunde in Hamburg.

Bibliografische Information der Deutschen Nationalbibliothek
Die Deutsche Nationalbibliothek verzeichnet diese Publikation in der Deutschen Nationalbibliografie; detaillierte bibliografische Daten sind im Internet über http://dnb.d-nb.de abrufbar.

ISBN 978-3-8319-0448-8

Text und Bildlegenden: Jutta Kürtz, Kiel
Lektorat: Annette Krüger, Hamburg
Redaktion: Claudia Schneider, Hamburg
Gestaltung: BrücknerAping Büro für Gestaltung GbR, Bremen
Lithografie: Griebel-Repro, Hamburg
Gesamtherstellung: CPI books GmbH, Leck

www.ellert-richter.de